STUDENTENKÜCHE
FÜR FAULE

4
5
OFF

STUDENTENKÜCHE
FÜR FAULE

Text: Martin Kintrup
Fotos: Coco Lang

LIEBE LESERINNEN UND LESER,
wir wollen Ihnen mit diesem Buch Informationen und Anregungen geben, um Ihnen das Leben zu erleichtern oder Sie zu inspirieren, Neues auszuprobieren. Wir achten bei der Erstellung unserer Bücher auf Aktualität und stellen höchste Ansprüche an Inhalt und Gestaltung. Alle Anleitungen und Rezepte werden von unseren Autoren, jeweils Experten auf ihren Gebieten, gewissenhaft erstellt und von unseren Redakteuren/innen mit größter Sorgfalt ausgewählt und geprüft.

Haben wir Ihre Erwartungen erfüllt? Sind Sie mit diesem Buch und seinen Inhalten zufrieden? Haben Sie weitere Fragen zu diesem Thema? Wir freuen uns auf Ihre Rückmeldung, auf Lob, Kritik und Anregungen, damit wir für Sie immer besser werden können. Und wir freuen uns, wenn Sie diesen Titel weiterempfehlen, in Ihrem Freundeskreis oder bei Ihrem online-Kauf.

Sollten wir Ihre Erwartungen so gar nicht erfüllt haben, tauschen wir Ihnen Ihr Buch jederzeit gegen ein gleichwertiges zum gleichen oder ähnlichen Thema um.

KONTAKT
GRÄFE UND UNZER VERLAG
Leserservice
Postfach 86 03 13
81630 München
E-Mail: leserservice@graefe-und-unzer.de

Telefon: 00800 / 72 37 33 33*
Telefax: 00800 / 50 12 05 44*
Mo–Do: 9.00–17.00 Uhr
Fr: 9.00–16.00 Uhr
(*gebührenfrei in D,A,CH)

SEMINAR: EINFÜHRUNG INS KOCHEN

O(RIENTIERUNGS)-WOCHE

ZWISCHEN SEMINAR UND VORLESGUNG

FEIERABEND

PRÜFUNGSPHASE

ENDLICH WOCHENENDE!

SATURDAY NIGHT

GÄSTE PERFEKT BEWIRTEN

SEMINAR: EINFÜHRUNG INS KOCHEN, TEIL 1

Klischees aus, Realität an: Der Beginn des Studiums ist eine große Herausforderung! Ordnung in den Stundenplan bringen, die Strukturen der Hochschule kennenlernen, das erste eigene Apartment oder der Einzug in eine WG, plötzlich alles selbst organisieren müssen und dann noch die vielen neuen Gesichter.

Kochen spielt dabei erst einmal eine Nebenrolle. Über kurz oder lang steht es aber dennoch auf dem Plan – nicht zuletzt weil die Kohle knapper ist als gedacht. Die ersten Wochen überbrückst du locker mit der Bäckerei und der Mensa **– und danach hilft dir dieses Buch, die ersten Schritte ins eigenständige Kochleben zu gehen.**

In sechs genau auf deine Bedürfnisse abgestimmten Kapiteln findest du alles, was dir den Einstieg erleichtert: In der O-Woche lernst du einfache warme Gerichte kennen – garantiert failsafe. Für den Alltag gibt es allerhand Food to go, das zwischen Seminar und Vorlesung an einem gemütlichen Platz weggesnackt werden kann und nicht schwer im Magen liegt. Am Abend lassen dir fix zubereitete warme Gerichte genügend Zeit, danach noch zum Sport, ins Kino oder zum Sprachkurs zu gehen. Echtes Brainfood hält dich in der wichtigen Prüfungsphase auch an stressigen Tagen fit und leistungsfähig. Und nach einer vollgepackten Woche hast du dir am Wochenende Entspannung verdient: Erst steht relaxtes Brunchen auf dem Programm, danach wird amtlich Party gemacht – mit coolen Drinks und jeder Menge schniekem Feier-Food.

Und für ganz besondere Anlässe findest du am Ende des Buches ein paar Menü- und Büfett-Vorschläge, die auch Anfängern wie dir problemlos gelingen. Du hast ein Date, die Eltern und Geschwister kommen zu Besuch oder ihr wollt gemütlich grillen: Das alles ist ab jetzt kein Grund mehr, Panik zu schieben!

Und wie kriegst du **in wenigen Minuten ohne Mühe ein leckeres Essen** auf den Tisch? Let me explain: Für die Quick-and-Easy-Studiküche gibt es einige Tricks! Es stehen nur **»faule und pflegeleichte Produkte« auf der Einkaufsliste,** die das Kochleben so leicht wie möglich machen. Die Highlights davon findest du zu Beginn jedes Kapitels.

Lass mich raten: Du hast kein Tiefkühlfach oder es ist vollgestopft mit TK-Pizza und Eiswürfeln für Cocktails? Kein Problem! **Fast alles in diesem Buch wird mit knackigem Gemüse und frischen Kräutern zubereitet, nur selten wird TK-Ware benötigt**. Und da du vermutlich sowieso mehrfach die Woche zwischendurch oder auf dem Heimweg einkaufen gehst, kannst du das alles gleich mitbesorgen.

Doch nun genug mit der Theorie, jetzt beginnt die Praxisübung: Also nix wie los, ab an die Töpfe und losgekocht!

SEMINAR: EINFÜHRUNG INS KOCHEN, TEIL 2

DAS RICHTIGE EQUIPMENT …

… für die faule Studentenküche ist der Schlüssel zum zeitsparenden Kochen. Viel Zubehör erhältst du in Second-Hand-Shops, anderes kannst du günstig neu kaufen oder dir schenken lassen. Teller, Tassen, Gläser und Besteck sind natürlich gesetzt. Dazu gehört diese Basisausstattung …

… zum Schneiden und Zerkleinern: Mit einem kleinen Gemüsemesser, einem großen scharfen Allroundmesser und einem Brotmesser mit geriffelter Klinge bist du schon optimal ausgestattet. Zusätzlich gehört eine Küchenreibe mit in den Schrank, am besten eine stabile Vierkantreibe mit unterschiedlichen Flächen zum Reiben, Raspeln und Hobeln. Zum Schnippeln eignet sich zudem am besten ein großes Holzschneidebrett.

… zum Garen auf dem Herd: Ausreichend ist die Ausstattung mit zwei stabilen Töpfen, klein und groß, samt passendem Deckel und einer Pfanne mit belastbarer Antihaftbeschichtung. Ergänzt durch einen Pfannenwender aus Holz und einen Holzkochlöffel.

… zum Garen und Backen im Ofen: Neben dem Backblech und dem Ofenrost gehören auch zwei Auflaufformen mit in die Küche, eine kleine (25 cm Ø oder 25 × 20 cm) und eine große (28 cm Ø oder 30 × 20 cm). Ebenfalls braucht es eine Kastenform (30 × 11 cm)) und eine Springform (28 cm Ø), beide möglichst mit Antihaftbeschichtung ausgestattet. Backpapier verhindert Anbacken und hilft, das Blech sauber zu halten.

... zum Pürieren: Für Suppen, Hummus, Shakes, Smoothies & Co. ist ein Stabmixer nötig. Den am besten von den Eltern schenken lassen.

... zum Kühlen: Der Kühlschrank wird von oben nach unten immer kälter, daher empfindliche Produkte wie Fleisch und Fisch immer auf dem untersten offenen Einschub aufbewahren. Das geschlossene Frischefach darunter ist deutlich wärmer und perfekt geeignet für Gemüse und Obst. Für die Aufbewahrung von TK-Produkten wird ein Tiefkühlfach benötigt.

... für den Transport: Hierfür brauchst du Bügel- und Schraubgläser in unterschiedlichen Größen: 400-ml-Gläser für Overnight Oats, 500-ml-Gläser für Suppen und 1200-ml-Gläser für Salate to go. Dazu eine Thermoskanne (ca. 500 ml) für das Heißhalten von Brühe. In verschließbaren (hitzebeständigen) Transportboxen, Bento-Boxen und Schüsseln mit Deckel kommen Sommerrollen, Bowls, Snacks und vieles mehr gut zur Geltung. Wer mag, kann Wraps und Sandwiches auch in Butterbrotpapier verpacken.

Außerdem werden gebraucht: ein Sieb zum Abtropfen von Nudeln, Hülsenfrüchten & Co. Eine stabile Salatschleuder verhindert, dass Blattsalat, Spinat, Blumenkohl und Bohnen verwässert schmecken. Und auch einige Schüsseln (groß und klein) und ein hoher Rührbecher zum Mischen und Pürieren dürfen nicht fehlen.

№ 1

O(RIENTIERUNGS)-WOCHE

SUPERSIMPLE BASICS FÜR KOCH-ERSTIS

DIE SCHNELLEN 4 FÜR BLUTIGE ANFÄNGER

GEMÜSEBRÜHE (INSTANT)

Würzbasis für Suppen, Saucen & Co. | sehr lange haltbar und damit wie gemacht für den faulen Vorrat | als »angemachte« Brühe angenehme, feine Grundwürze für Suppen wie die **Kartoffelsuppe** (Seite 14), **Basic-Ramen-Suppe** (Seite 44), **Paprika-Süßkartoffel-Suppe** (Seite 116) oder **Lauch-Käse-Suppe »Masala«** (Seite 118) | eine willkommene Würznachhilfe für **Quinoa-Chili sin Carne** (Seite 18) | simples Saucentuning bei **One-Pan-Tortelloni mit Pilzen** (Seite 54) | Tipp: Greife am besten zu Bio-Instant-Gemüsebrühe ohne Geschmacksverstärker und Palmöl, nur mit dem natürlichen Aroma von Gemüse, Kräutern und Gewürzen.

HACKFLEISCH

Blitzschnell gebraten, daher ein absoluter Hit für faule Studis | immer frisch kaufen, da nur kurz haltbar | passende Mengen für 1–2 Personen an der Fleischtheke erhältlich | übriges Hack gut verpackt direkt über das Frischefach in den Kühlschrank legen und spätestens am nächsten Tag verwenden oder einfrieren und in den nächsten Wochen aufbrauchen | gemischtes Hackfleisch ist Hauptdarsteller in **Greek-Style-Pasta** (Seite 21) und **Süßkartoffelpfanne mit Hack** (Seite 56) | überrascht als Klassiker mit neuem Twist in **Lauch-Käse-Suppe »Masala«** (Seite 118) | Rinderhackfleisch kommt als **Tokyo Burger** (Seite 22) ab jetzt regelmäßig auf den Tisch | Tipp: **Gefüllte Zucchini** (Seite 70) statt mit Wurstbrät auch mal mit selbst gewürztem Hackfleisch füllen.

FRÜHLINGSZWIEBELN

Praktisch: mind. 1 Woche im Frischefach des Kühlschranks haltbar | dann einfach welke Teile entfernen, den Rest waschen und in Ringe schneiden | milder im Geschmack als Zwiebeln | daher sowohl roh in Salaten und Wraps als auch kurz gegart immer ein echter Genuss | trotz des Namens ganzjährig im Angebot | toller Aromaspender im **Zucchini-Curry** (Seite 16), **Tokyo Burger** (Seite 22) und **Pesto-Hähnchen** (Seite 24) | knackig-frischer Bestandteil der Salsa-Kombo in der **Reis-Bowl mit Ananassalsa** (Seite 40) und im **Brotsalat,** der auf **Salatschiffchen** (Seite 100) landet | herzhaftes Topping auf der **Blätterteigtarte mit Falafel** (Seite 106) | Tipp: Sie sind ein Allrounder und können praktisch in jedem herzhaften Gericht untergebracht werden.

MAIS & HÜLSENFRÜCHTE AUS DER DOSE

Bereits gegart und daher sofort einsatzbereit | Hülsenfrüchte sind wichtige Eiweißlieferanten | Mais ist reich an Mineralien und mit seinem hohen Kohlenhydratanteil ein wichtiger Energiespender | Mais und Kidneybohnen gibt es auch in Mini-Dosen, daher besonders praktisch als gelegentliche kleine Ergänzung | Kidneybohnen und Mais verleihen **Quinoa-Chili sin Carne** (Seite 18) die typische Tex-Mex-Note | Kidneybohnen sind Eiweißlieferanten im **Radieschen-Birnen-Salat** (Seite 88), Kichererbsen im würzigen **Gerösteten Blumenkohlsalat** (Seite 122) | Letztere zeigen ihre Starqualitäten als **Tomatenhummus** (Seite 126) mit knusprigen **Pita-Chips** | Mais besucht jetzt Vorlesungen an der Uni als **Avocado mit Thunfischdip** (Seite 36) und in **Farmer-Wraps** (Seite 38) | Tipp: lang haltbar, daher stets im Vorrat haben.

KARTOFFELSUPPE

Klassisch lecker

FÜR 2 PORTIONEN

500 g vorwiegend festkochende Kartoffeln
2 EL Knoblauchbutter
500 ml heiße Gemüsebrühe
300 g gemischtes TK-Gemüse (z. B. Suppen-, Sommer- oder Kaisergemüse)
2 Wiener Würstchen (klassisch oder vegetarisch, à 50 g)
1 EL Aceto balsamico bianco
1 TL mittelscharfer Senf
1 Prise frisch geriebene Muskatnuss (nach Belieben)
Salz | Pfeffer

Zubereitungszeit: 30 Min.
Pro Portion ca. 435 kcal
13 g E, 24 g F, 36 g KH

1 Die Kartoffeln schälen und in ca. 1 cm große Würfel schneiden. Die Knoblauchbutter in einem Topf schmelzen und die Kartoffeln darin 1 Min. andünsten. Dann die Brühe dazugießen und zum Kochen bringen. Die Kartoffeln zugedeckt bei kleiner bis mittlerer Hitze 5 Min. kochen lassen.

2 Das gefrorene TK-Gemüse hinzufügen, alles erneut zum Kochen bringen. Die Suppe zugedeckt 8–10 Min. bei kleiner Hitze leise köcheln lassen, bis Gemüse und Kartoffeln gar sind.

3 Die Würstchen in Scheiben schneiden. Die Kartoffeln in der Suppe mit einem Kartoffelstampfer etwas zerkleinern, dann die Wurstscheiben 2 Min. in der Suppe ziehen lassen.

4 Den Essig, den Senf und eventuell den Muskat unterrühren, die Kartoffelsuppe mit Salz und Pfeffer abschmecken. Fertig!

TIPP:
Du isst gern deftig? Dann die Wiener Würstchen durch 1 geräucherte Mettwurst ersetzen. Diese ebenfalls in Scheiben schneiden und bereits mit dem Gemüse in die Suppe geben.

ZUCCHINI-CURRY

Perfekt für Curry-Novizen

FÜR 2 PORTIONEN

400 g Zucchini
1 Zwiebel
1 Stück Ingwer (ca. 1 cm lang)
1 ½ EL Öl
2 TL rote Currypaste (ersatzweise Massaman-Currypaste)
1 EL Tomatenmark
1 EL Zucker
200 g Kokosmilch
3 Frühlingszwiebeln
Salz | Pfeffer
2 EL Erdnusskerne
1 EL Limettensaft

Zubereitungszeit: 25 Min.
Pro Portion ca. 450 kcal
9 g E, 36 g F, 21 g KH

1 Die Zucchini waschen, putzen und in grobe Würfel schneiden. Die Zwiebel und den Ingwer schälen und möglichst fein würfeln. ½ EL Öl in einer Pfanne erhitzen. Die Zucchiniwürfel darin 2–3 Min. anbraten, bis sie leicht gebräunt sind, dann herausnehmen.

2 Das übrige Öl (1 EL) in der Pfanne erhitzen. Zwiebel- und Ingwerwürfel darin bei mittlerer bis großer Hitze ca. 4 Min. andünsten, bis die Zwiebelwürfel glasig sind. Die Currypaste, das Tomatenmark und den Zucker dazugeben und 1 Min. mitdünsten. Dann die Kokosmilch und 150 ml Wasser dazugießen, aufkochen und die Sauce 2 Min. köcheln lassen.

3 Inzwischen die Frühlingszwiebeln waschen, putzen und schräg in ca. 1 cm breite Stücke schneiden. Sauce mit Salz und Pfeffer würzen. Die Zucchiniwürfel, die Frühlingszwiebeln und die Erdnüsse dazugeben und das Curry noch weitere 2–3 Min. köcheln lassen.

4 Den Limettensaft unterrühren. Das Zucchini-Curry mit Salz und Pfeffer abschmecken. Dazu schmeckt Basmati-Reis (z. B. Express-Reis für die Mikrowelle) ganz hervorragend.

QUINOA-CHILI SIN CARNE

Verschärfter Sattmacher ganz ohne Fleisch

FÜR 2 PORTIONEN

1 rote Zwiebel
1 EL Öl
1 EL Honig
400 ml Tomatensugo
400 ml heiße Gemüsebrühe
50 g Quinoa
1 Dose Mais (140 g Abtropfgewicht)
1 Dose Kidneybohnen (125 g Abtropfgewicht)
1 große Tomate
3 TL edelsüßes Paprikapulver
1 TL Cayennepfeffer
1 TL gemahlener Kreuzkümmel
2 EL Limettensaft
Salz | Pfeffer

Zubereitungszeit: 35 Min.
Pro Portion ca. 410 kcal
16 g E, 10 g F, 59 g KH

1 Die Zwiebel schälen und fein würfeln. Das Öl in einem Topf erhitzen. Die Zwiebelwürfel darin ca. 3 Min. anbraten, bis sie leicht gebräunt sind.

2 Den Honig dazugeben und kurz aufwallen lassen. Das Tomatensugo und die Gemüsebrühe angießen, die Quinoa unterrühren und alles zugedeckt bei kleiner bis mittlerer Hitze 10 Min. leise kochen lassen.

3 Inzwischen Mais und Bohnen in ein Sieb abgießen, kalt abbrausen und abtropfen lassen. Die Tomate waschen und klein würfeln, dabei den Stielansatz entfernen.

4 Das Quinoa-Chili mit Paprikapulver, Cayennepfeffer und Kreuzkümmel würzen. Bohnen, Mais und Tomatenwürfel dazugeben und alles zugedeckt weitere 10 Min. leise kochen lassen.

5 Den Topf vom Herd nehmen. Das Quinoa-Chili mit dem Limettensaft, Salz und Pfeffer abschmecken. Auf tiefe Teller oder Suppenschalen verteilen und genießen.

TIPP:
Alle Tuning-Fans toppen das Chili noch mit einem Klecks Schmand und 1 TL gehackten Kräutern (z. B. Petersilie, Koriandergrün).

4 × PHÄNOMENALE PASTA …

FRISCHE-KRÄUTER-PASTA

FÜR 2 PORTIONEN
Pro Portion ca. 505 kcal, 18 g E, 27 g F, 48 g KH

1 EL **Butter** in einer Pfanne schmelzen. Darin 300 g **frische gefüllte Nudeln** (z. B Tortelloni oder Ravioli, aus dem Kühlregal) anbraten. 250 g **Kirschtomaten** waschen, 1 **Knoblauchzehe** schälen und fein würfeln. Beides mit 4 EL **Wasser** in die Pfanne geben und alles abgedeckt 6 Min. dünsten, dabei hin und wieder durchschwenken. 1 Bund **Kräuter** (italienische Mischung, z. B. Basilikum, Thymian, Rosmarin, Oregano, Rucola) abbrausen, trockenschütteln und die Blättchen grob hacken. Die Kräuter und 2 EL **Sonnenblumenkerne** mit 1 EL **Butter** und 2 TL **Honig** zu den Nudeln geben und weitere 3 Min. mitdünsten. Pasta mit **Salz** und **Pfeffer** würzen, auf Teller verteilen und genießen. Tipp: nach Wunsch noch etwas **Parmesan, Grana Padano** oder **Pecorino** frisch darüberreiben.

KÄSE-PASTA

FÜR 2 PORTIONEN
Pro Portion ca. 645 kcal, 26 g E, 24 g F, 78 g KH

In einem Topf reichlich Wasser aufkochen und **salzen.** Darin 200 g **kurze Nudeln** (z. B. Penne lisce) nach Packungsanweisung bissfest garen. ½ Tasse Nudelkochwasser abnehmen, dann die Nudeln in ein Sieb abgießen und kurz abtropfen lassen. 3 geh. EL **Crème fraîche** bei mittlerer Hitze im Topf erwärmen, 1 **Knoblauchzehe** schälen und dazupressen. 100 g **Reibekäse** (z. B. Gouda) unterrühren, bis er schmilzt. Die Nudeln wieder in den Topf geben und weiterrühren, bis sie rundherum mit Käse überzogen sind, dabei gegebenenfalls etwas Nudelwasser dazugießen. Pasta mit **Salz** und **Pfeffer** würzen. 1 kleines Bund **Schnittlauch** abbrausen, trocken schütteln und fein schneiden. Die Käse-Pasta auf Teller verteilen und mit je 2 EL **Röstzwiebeln** (Fertigprodukt) und dem Schnittlauch bestreuen.

…, die vor allem eines ist: beeindruckend lecker! Dass man sie noch dazu spielend leicht und ratzfatz zubereiten kann, sieht man ihr dabei überhaupt nicht an.

GREEK-STYLE-PASTA

FÜR 2 PORTIONEN

Pro Portion ca. 725 kcal, 33 g E, 29 g F, 81 g KH

In einem Topf reichlich Wasser aufkochen und **salzen.** Darin 200 g **kurze Nudeln** (z. B. Fusilli) nach Packungsanweisung bissfest garen. Inzwischen 1 EL **Öl** in einer Pfanne erhitzen. Darin 200 g **gemischtes Hackfleisch** (halb und halb) bröselig braten. 1 kleinen **Zucchino** waschen, putzen und klein würfeln. 1 **Knoblauchzehe** schälen und fein hacken. Beides mit 1 TL **Gyrosgewürz** zum Hack geben und 3 Min. mitbraten. 1 kleines Bund **Dill** abbrausen, trocken schütteln und samt Stängeln fein hacken. 1 EL **Tomatenmark** und 2 TL **Honig** in die Pfanne geben und 2 Min. mitbraten. Hack-Mix **salzen, pfeffern** und ½ Tasse Nudelkochwasser unterrühren. Nudeln in ein Sieb abgießen, kurz abtropfen lassen und mit dem Dill unter die Hacksauce rühren. Greek-Style-Pasta auf Teller verteilen, je 2 geh. EL **Tsatsiki** (125 g, aus dem Kühlregal) darauflöffeln.

BROKKOLI-SPECK-PASTA

FÜR 2 PORTIONEN

Pro Portion ca. 585 kcal, 24 g E, 16 g F, 81 g KH

In einem Topf reichlich Wasser aufkochen und **salzen.** Darin 200 g **Farfalle** 6 Min. garen. Inzwischen von 400 g **Brokkoli** die Röschen vom Strunk lösen (diesen anderweitig verwenden, z. B. für Suppe). Röschen waschen, halbieren, zu den Nudeln geben und alles weitere 4–5 Min. kochen, bis Nudeln und Brokkoli bissfest sind. 1 **Zwiebel** schälen und fein würfeln. 1 EL **Öl** in einer Pfanne erhitzen. Darin Zwiebelwürfel und 75 g **Schinkenspeckwürfel** braten, bis die Zwiebel glasig ist. 1 EL **Aceto balsamico bianco** und 2 TL **Honig** unter den Schinken-Mix rühren, kurz weiterdünsten, 1 EL **Butter** dazugeben. Die Nudeln und den Brokkoli in ein Sieb abgießen, kurz abtropfen lassen, in die Pfanne geben und ca. 2 Min. durchschwenken. Die Pasta mit **Salz** und **Pfeffer** würzen und auf Teller verteilen.

TOKYO BURGER

Cooles Burger-Update

FÜR 2 PORTIONEN

3 Frühlingszwiebeln
200 g Champignons
50 g Bio-Salatgurke
100 g Krautsalat (aus dem Kühlregal)
250 g Rinderhackfleisch
1 EL Öl
Salz | Pfeffer
2 EL Teriyaki-Sauce
2 XL-Burger-Brötchen (Buns, nach Belieben mit oder ohne Sesam)
4 TL Mayonnaise

Zubereitungszeit: 30 Min.
Pro Portion ca. 705 kcal
39 g E, 43 g F, 40 g KH

1 Die Frühlingszwiebeln waschen, putzen und in 1–2 cm lange Stücke schneiden. Pilze putzen und in dünne Scheiben schneiden. Die Gurke waschen und ebenfalls in Scheiben schneiden. Den Krautsalat abtropfen lassen. Hackfleisch in 2 Portionen teilen und daraus ca. 1½ cm dicke Burger-Pattys formen.

2 Das Öl in einer großen Pfanne erhitzen. Die Pattys darin bei mittlerer Hitze ca. 4 Min. braten, bis die Unterseiten gut gebräunt sind.

3 Pilze in die Pfanne geben. Pattys salzen und pfeffern, wenden und erneut salzen und pfeffern. Die Frühlingszwiebeln in die Pfanne geben und alles ca. 4 Min. weiterbraten, bis die Pattys knapp gar, also innen noch leicht rosa, und auch die zweiten Seiten gut gebräunt sind. Teriyaki-Sauce über die Pattys laufen lassen. Die Pattys und das Gemüse in der Sauce wenden, die Pfanne vom Herd nehmen.

4 Die Buns halbieren und kurz auftoasten, dann alle Schnittflächen mit Mayonnaise bestreichen. Die unteren Bun-Hälften zunächst mit Gurkenscheiben, dann mit dem Krautsalat belegen. Die Pattys daraufsetzen und zuletzt Pilze und Frühlingszwiebeln darauf verteilen. Die oberen Bun-Hälften darauflegen und leicht andrücken.

TIPP:

Etwas Schärfe gefällig? Dafür die Mayonnaise mit ½–1 TL Wasabipaste oder 1–2 TL geriebenem Meerrettich (aus dem Glas) verrühren.

PESTO-HÄHNCHEN

Genial einfach

FÜR 2 PORTIONEN

---

2 Hähnchenbrustfilets (à 200 g)
250 g Kirschtomaten
2 Frühlingszwiebeln
50 g gemischte Oliven (ohne Stein)
Salz | Pfeffer
3 EL grünes Pesto (z. B. Bärlauch-, Rucola- oder Basilikumpesto, aus dem Kühlregal)
1 EL Zitronensaft
1 TL Honig
2 EL Butter
30 g geriebener Parmesan (nach Belieben)
½ Baguette

Zubereitungszeit: 15 Min.
+ 25 Min. Garen
Pro Portion ca. 610 kcal
56 g E, 24 g F, 42 g KH

1 Den Backofen auf 200° vorheizen. Die Hähnchenbrustfilets trocken tupfen und nebeneinander in eine große Auflaufform (28 cm Ø oder 30 × 20 cm) legen. Die Tomaten waschen und um die Filets herum verteilen. Frühlingszwiebeln waschen, putzen, in grobe Stücke schneiden und mit den Oliven ebenfalls in die Form geben. Alles mit Salz und Pfeffer würzen.

2 Pesto, Zitronensaft und Honig verrühren. Die Hähnchenbrustfilets damit bestreichen, das restliche Pesto über das Gemüse träufeln. Butter in Flöckchen schneiden und auf dem Hähnchenfleisch und Gemüse verteilen. Im Ofen (Mitte) ca. 25 Min. backen, bis das Fleisch gar ist.

3 Die Form aus dem Ofen nehmen, die Filets samt Gemüse und entstandener Sauce auf Teller verteilen. Wer möchte, streut jetzt noch den Parmesan darüber. Baguette in Scheiben schneiden und zum Aufdippen der Sauce dazu servieren.

TIPP:
Wenn wider Erwarten etwas von dem Pesto-Hähnchen übrig bleibt, den Rest am nächsten Tag in dünne Scheiben schneiden und daraus mit etwas Frischkäse, Mayonnaise, Rucola und Parmesan leckere Sandwiches zaubern.

4 × DIPS ZU KARTOFFEL-WEDGES …

PAPRIKA-BASILIKUM-DIP

FÜR 2 PORTIONEN

Pro Portion ca. 160 kcal, 4 g E, 11 g F, 12 g KH

200 g **griechischen Joghurt** (10 % Fett) mit 3 EL **Ajvar,** 1 TL **Zucker** und 1 EL **Weißweinessig** verrühren. 1 **Knoblauchzehe** schälen und dazupressen. 1 kleines Bund **Basilikum** abbrausen und trocken schütteln, dann samt der Stängel fein hacken und unter den Dip heben. Mit **Salz** und **Pfeffer** abschmecken.

AVOCADO-TSATSIKI

FÜR 2 PORTIONEN

Pro Portion ca. 225 kcal, 2 g E, 22 g F, 2 g KH

100 g **Bio-Salatgurke** waschen, grob raspeln, mit etwas **Salz** mischen und beiseitestellen. 1 **Avocado** (Sorte Hass) längs halbieren und entkernen. Das Fruchtfleisch mit einem Esslöffel aus der Schale lösen und mit 1 ½ EL **Zitronensaft** mit einer Gabel fein zerdrücken. 1 **Knoblauchzehe** schälen, dazupressen. 2 Stängel **Dill** abbrausen, trocken schütteln und mitsamt der Stängel fein hacken. Den Dill mit den Gurkenraspeln samt ausgetretener Flüssigkeit unter die Avocadocreme rühren. Das Tsatsiki mit **Pfeffer, Salz** und etwas **Zitronensaft** abschmecken.

… aus dem Backofen: für 2 Portionen 500 g vorwiegend festkochende Kartoffeln gründlich waschen, längs vierteln und mit 1 TL Pizzagewürz, 1 ½ EL Olivenöl und etwas Salz vermischen. Auf dem mit Backpapier ausgelegten Blech im 200° heißen Ofen (Mitte) 30 Min. goldbraun backen. Dazu gibt es je nach Wunsch …

HOT-MANGO-SALSA

FÜR 2 PORTIONEN

Pro Portion ca. 130 kcal, 1 g E, 6 g F, 18 g KH

1 **rote Zwiebel** und 1 **Knoblauchzehe** schälen und fein würfeln. 2 TL **Öl** in einem kleinen Topf erhitzen. Zwiebel, Knoblauch, 125 g gefrorene **TK-Mangowürfel** (ersatzweise einfach frische Mango grob würfeln) und 2 TL **Zucker** darin zugedeckt 5 Min. dünsten, dabei hin und wieder umrühren. 1 **Frühlingszwiebel** putzen, waschen und in feine Ringe schneiden. In den Topf geben und alles noch 1 Min. offen dünsten, dabei die Mangowürfel leicht zerdrücken. 2 EL **Limettensaft** unterrühren und die Salsa mit **Salz, Pfeffer** und **Cayennepfeffer** scharf abschmecken.

LACHS-SENF-DIP

FÜR 2 PORTIONEN

Pro Portion ca. 340 kcal, 21 g E, 25 g F, 8 g KH

1 **Schalotte** schälen und möglichst fein würfeln. 125 g **Stremellachs** (natur, mit Pfeffer oder mit Dill) von der Haut befreien und mit einer Gabel fein zerdrücken. Beides mit 100 g **Frischkäse,** 2 TL **Honigsenf** und 1 TL **Zitronensaft** mischen. Den Dip mit **Salz, Pfeffer** und nach Wunsch noch etwas **Zitronensaft** abschmecken.

black+blum

ZWISCHEN SEMINAR UND VORLESUNG

SNACKS UND KALTE MAHLZEITEN FÜR ZWISCHENDURCH

DIE SCHNELLEN 4 FÜR LOCKERES SNACKEN UNTERWEGS

TORTILLAS

Tex-Mex-Teigfladen aus Mais oder Weizen | zum Wrappen eignen sich besonders die weichen Weizentortillas | diese werden nur kurz in der Pfanne erhitzt, um sie elastisch zu machen, dann kann man sie beliebig füllen | sind auch für andere Zubereitungen geeignet | spielen die Hauptrolle in den Rollen für die **Bento-Snack-Box** (Seite 34) und **Farmer-Wraps** (Seite 38) | nicht gewickelt, dafür aber knusprig gebacken überraschende Unterlage für **Veggie-Lahmacun** (Seite 62) | Tipp: auch als schneller Teigersatz für Pizza- und Flammkuchen bestens geeignet.

ERDNÜSSE & ERDNUSSMUS

Gehören zu den Hülsenfrüchten | enthalten neben reichlich Eiweiß auch wertvolles Vitamin E und Magnesium, die einen leistungsfähig halten | allerdings ebenfalls reich an Kalorien, daher möglichst nur kleine Mengen davon snacken | in der Asia-Küche beliebt als knackiges Topping auf **Zucchini-Curry** (Seite 16) oder **Vietnam-Nudelsalat** (Seite 42) | mit Erdnussdip Geschmacksgeber für **Sommerrollen mit Tofu** (Seite 32) | wertvolle Ergänzung in **Müsliriegeln** (Seite 79) für unterwegs | Erdnussmus ergibt ein formidables Dressing für **Asia-Spitzkohlsalat** (Seite 43), verwandelt schnöde Haferkekse im **Energy Snack Pack** (Seite 80) in echte Power-Sandwiches | Tipp: Gesalzene Erdnusskerne sind ein super Ersatz für die Walnüsse in **Nussecken-Brownies** (Seite 110).

RÖSTZWIEBELN

Instant-Knuspertopping mit mildem, leicht süßlichem Zwiebelaroma | sowohl in der einheimischen als auch in der Asia-Küche beliebt | kalorienreich, daher immer nur in kleinen Mengen verwenden | ein crunchy Topping auf der **Käse-Pasta** (Seite 20) und dem **Vietnam-Nudelsalat** (Seite 42) | fühlen sich als Knusperstreusel auf **Überbackenen Hotdogs** (Seite 124) richtig zu Hause | krosse Zugabe für **Basic-Ramen-Suppe** (Seite 44) | Tipp: sorgen auch in den **Sommerrollen mit Tofu** (Seite 32) für zusätzlichen Knusperspaß.

BABY-SALAT-MIX & BABY-BLATTSPINAT

Viele unterschiedliche Mischungen für den schnellen Salatgenuss | besonders Spinat ist reich an wertvollen Vitaminen und Mineralstoffen | nur Tüten kaufen, in denen der Salat frisch und knackig aussieht | bis zum Verzehr kalt lagern und innerhalb von 2 Tagen verbrauchen | stets vor dem Verzehr waschen, da sich in den Tüten Bakterien vermehren können | Baby-Salat-Mix erhöht den Frischefaktor von **Sommerrollen mit Tofu** (Seite 32) und **Farmer-Wraps** (Seite 38) | grünes Add-On in **Baguette »Banh-Mi«** (Seite 39) und **Reis-Bowl mit Ananassalsa** (Seite 40) | der Baby-Blattspinat ist voll im Trend auf **Bagels mit Hummus** (Seite 38) und glänzt als grüne Basis in **Geröstetem Blumenkohlsalat** (Seite 122) | Tipp: Ganze Salatköpfe sind deutlich günstiger als Salatmischungen in der Tüte und können zudem auch unverpackt gekauft werden. Willst du mehrere Tage in Folge Salat essen, sind sie in diesem Fall die bessere Wahl.

SOMMERROLLEN MIT TOFU

Frisches Fingerfood

FÜR 1 PORTION

¼ rote Paprika
100 g Bio-Salatgurke
100 g Tofu
2 EL Sojasauce
4 runde Reispapierblätter
(22 cm Ø, ca. 40 g)
1 Handvoll Baby-Salat-Mix
1 Pck. Erdnussdip (40 g, vom Sushistand im Supermarkt, ersatzweise Erdnusssauce aus dem Asienregal)
4 TL gesalzene Erdnüsse
Außerdem: **1 Transportbox**

Zubereitungszeit: 20 Min.
Pro Portion ca. 665 kcal
34 g E, 37 g F, 43 g KH

1 Die Paprika waschen, weiße Trennwände und Kerne entfernen, die Salatgurke waschen. Beides wie auch den Tofu in feine Streifen schneiden. Den Tofu in einem Schälchen mit der Sojasauce mischen und in der Mikrowelle bei 600 Watt 1 Min. erhitzen.

2 Die Reispapierblätter nacheinander unter fließendes kaltes Wasser halten, sodass sie überall benetzt sind, dann jeweils auf einen Teller legen. Reispapierblätter ca. 5 Min. ruhen lassen, bis sie weich und formbar sind. Baby-Salat-Mix waschen und trocken schleudern.

3 In der Mitte jedes Reispapierblatts Salat-Mix, Gurke, Tofu, 1–2 TL Erdnussdip, 1 TL Erdnüsse und Paprika verteilen. Die Reispapierblätter von unten über die Füllung klappen, dabei die Seiten nach innen einschlagen, dann die Blätter fest nach oben hin aufrollen.

4 Für den Transport die Sommerrollen in die Transportbox legen, die Box verschließen. Die Rollen bis zum Verzehr möglichst kalt stellen. Dafür eventuell einen Kühl-Akku mit einem Geschirrtuch umwickeln und in der Tasche unter die Box legen. In der Pause die Sommerollen einfach aus der Hand essen.

TIPP:
Lust auf Extrawürze? Dann zum Dippen einfach noch ein Gläschen Sweet-Chili-Sauce oder Hoisinsauce mitnehmen.

BENTO-SNACK-BOX

Genuss out of the box

FÜR 2 PORTIONEN

1 Handvoll Baby-Blattspinat
2 weiche Weizentortillas (à 25 cm Ø)
50 g Frischkäse
4 EL Mango-Chutney
80 g Hähnchenbrustaufschnitt
150 g Möhren
100 g Bio-Salatgurke
60 g Bergkäse (am Stück)
4 EL gesalzene Cashewkerne
Außerdem: **2 Bento-Boxen, 2 Mini-Boxen, 2 Schraubgläschen**

Zubereitungszeit: 15 Min.
Pro Portion ca. 560 kcal
27 g E, 25 g F, 55 g KH

1 Den Spinat waschen und trocken schleudern. Die Weizentortillas in einer großen Pfanne nacheinander kurz von beiden Seiten erhitzen, bis sie sich leicht aufblasen und gut formbar sind.

2 Dann die beiden Tortillas in der Mitte in einem Streifen zunächst mit dem Frischkäse, dann mit 2 EL Mango-Chutney bestreichen. Mit dem Hähnchenbrustaufschnitt und dem Spinat belegen. Tortillas von unten über die Füllung klappen und fest zu Wraps aufrollen. Jeden Wrap in 6 Stücke schneiden und für den Transport in eine Bento-Box legen.

3 Die Möhren schälen, die Gurke waschen, beides ebenso wie den Bergkäse in Sticks schneiden. Alles auf die Bento-Boxen verteilen. Cashewkerne in die Mini-Boxen, übriges Mango-Chutney (2 EL) in die Gläschen füllen und in die Bento-Boxen stellen. Die Boxen verschließen.

4 Die Snacks bis zum Verzehr kalt stellen. Dafür eventuell einen Kühl-Akku mit einem Geschirrtuch umwickeln und in der Tasche unter die Box legen. In der Pause die Wrapröllchen aus der Hand genießen. Die Gemüse- und Käsesticks ins Mango-Chutney dippen und dazu snacken. Die Cashewkerne als kleines Extra wegknuspern.

AVOCADO MIT THUNFISCHDIP

Sättigendes Pausen-Highlight

FÜR 2 PORTIONEN

1 Dose Thunfisch (im eigenen Saft, 140 g Abtropfgewicht)
1 Dose Mais (140 g Abtropfgewicht)
1 kleines Bund Koriandergrün
100 g Skyr
50 g leichte Salatcreme
2 TL mittelscharfer Senf
2 ½ EL Limettensaft
Salz | Pfeffer
1 Prise Cayennepfeffer
1 Avocado (Sorte Hass)
2 Scheiben rustikales Brot (z. B. Holzofenbrot)
Außerdem: **2 Transportboxen**

Zubereitungszeit: 15 Min.
Pro Portion ca. 625 kcal
32 g E, 34 g F, 42 g KH

1 Thunfisch und Mais abtropfen lassen. Den Koriander abbrausen, trocken schütteln und samt der Stängel fein hacken. Alles mit Skyr, Salatcreme, Senf und 1 ½ EL Limettensaft verrühren. Den Dip mit Salz, Pfeffer und Cayennepfeffer leicht scharf abschmecken.

2 Avocado längs halbieren und entkernen. Das Fruchtfleisch jeweils in einem Stück mit einem Esslöffel aus der Schale lösen. Beide Hälften mit dem übrigen Limettensaft (1 EL) beträufeln.

3 Die Brotscheiben kurz antoasten und abkühlen lassen. Dann in die Mitte jeder Scheibe ein eigroßes Loch schneiden oder das Loch ausstechen. Die Brotscheiben in die Transportboxen legen, die Avocadohälften mit der gewölbten Seite nach unten in die Löcher setzen. Die Avocado salzen und pfeffern, den Thunfischdip daraufgeben. Die Boxen verschließen.

4 Avocado mit Thunfischdip vor und nach dem Transport kalt stellen. Dafür eventuell einen Kühl-Akku mit einem Geschirrtuch umwickeln und in der Tasche unter die Box legen. In der Pause Avocado, Dip und Brot mithilfe von Messer und Gabel genießen.

TIPP:
Die herausgeschnittenen oder ausgestochenen Stücke Brot entweder sofort mit etwas Dip wegnaschen oder mit in die Boxen legen.

4 × WRAPS UND BELEGTE BROTE …

BAGELS MIT HUMMUS

FÜR 2 PORTIONEN
Pro Portion ca. 705 kcal, 27 g E, 39 g F, 58 g KH

2 **Bagels** (zum Aufbacken) aufschneiden und die Hälften im Toaster in 1–2 Min. aufbacken. 1 Handvoll **Baby-Blattspinat** waschen und trocken schleudern. 8 **getrocknete Tomaten** (in Öl) abtropfen lassen. Die Ober- und Unterseiten der Bagel mit 100 g **pikantem Hummus** (aus dem Kühlregal) bestreichen. Die unteren Bagelhälften mit dem Spinat belegen, 100 g **Hirtenkäse** (in Salzlake) darüberbröckeln. Tomaten und 2 EL **Walnusskerne** darauf verteilen und je 1 TL **Honig** in feinen Linien darüberlaufen lassen. Die oberen Bagelhälften darauflegen und leicht andrücken.

FARMER WRAPS

FÜR 2 PORTIONEN
Pro Portion ca. 425 kcal, 15 g E, 17 g F, 52 g KH

¼ **rote Paprika** putzen, waschen und in sehr feine Streifen schneiden. 50 g **Baby-Salat-Mix** waschen und trocken schleudern. 2 **weiche Weizentortillas** (à 25 cm Ø) in einer großen Pfanne nacheinander kurz von beiden Seiten erhitzen, bis sie sich leicht aufblasen und gut formbar sind. Salat-Mix und 200 g **Farmersalat** (aus dem Kühlregal) darauf verteilen, dabei rundherum einen kleinen Rand frei lassen. Mit 4 EL **Mais** (aus der Dose), 80 g **Hähnchenbrustaufschnitt** und Paprikastreifen belegen. In der Mitte in einem Streifen je 2 TL **Sweet-Chili-Sauce** daraufgeben. Fladen von unten über die Füllung klappen, dabei eine Seite einschlagen, dann die Tortillas fest zu Wraps aufrollen. Jeden Wrap in Butterbrotpapier wickeln.

..., die mit allerlei coolen Füllungen und Toppings eine willkommene Abwechslung zum Bäckerei-Einerlei darstellen. Damit man sie dann als Mahlzeit unterwegs auch voll und ganz genießen kann, für die Beförderung in jedem Fall in passende Transportboxen stecken und möglichst bis zum Verzehr kalt stellen.

BAGUETTE »BANH-MI«

FÜR 2 PORTIONEN

Pro Portion ca. 590 kcal, 24 g E, 31 g F, 49 g KH

1 **Frikadelle** (ca. 200 g, von der Fleischtheke) in Scheiben schneiden, in 2 TL **Fischsauce** wenden und zugedeckt in der Mikrowelle bei 600 Watt 1 Min. erhitzen. 100 g **Bio-Salatgurke** waschen und in dünne Scheiben schneiden. 1 **Möhre** schälen, mit dem Sparschäler feine Streifen abziehen und mit 1 EL **Weißweinessig** und etwas **Salz** vermischen. 1 Handvoll **Baby-Salat-Mix** waschen und trocken schleudern. 1 Bund **Koriandergrün** abbrausen und trocken schütteln, Blättchen abzupfen. 4 EL **leichte Salatcreme** und 1 EL **Chilisauce** (z. B. Sriracha) verrühren. 2 **Baguettebrötchen** aufschneiden und mit der Chili-Mayo bestreichen. Untere Hälften mit den übrigen vorbereiteten Zutaten und eventuell 2 EL eingelegten **Jalapeñoringen** belegen. Die oberen Hälften darauflegen, leicht andrücken.

FAKE TUNA SANDWICHES

FÜR 2 PORTIONEN

Pro Portion ca. 410 kcal, 21 g E, 14 g F, 51 g KH

Für den Fake Tuna 100 g **Hähnchenbrustaufschnitt** zerreiben und mit 2 EL **leichter Salatcreme**, 1 TL **Fischsauce,** 1 TL **Zitronensaft** und 1 Prise **Zucker** verrühren. Mit **Pfeffer** und ein wenig **Cayennepfeffer** würzen. 1 **Tomate** und 50 g **Bio-Salatgurke** waschen, in Scheiben schneiden, **salzen, pfeffern**. 1 Handvoll **Baby-Blattspinat** waschen und trocken schleudern. 4 Scheiben **weiches Mehrkornbrot** (auch fein: Sandwichbrot) mit 50 g **Frischkäse** bestreichen. 2 Scheiben mit Spinat und Gurkenscheiben belegen und den Fake Tuna darauf verteilen. Die Tomatenscheiben darauflegen. Die restlichen Brotscheiben mit 2 TL **Honigsenf** bestreichen, darauflegen und leicht andrücken.

REIS-BOWL MIT ANANASSALSA

Magisch lecker

FÜR 2 PORTIONEN

200 g Basmati-Reis
Salz
200 g Ananasfruchtfleisch
(aus der Frischetheke)
2 Frühlingszwiebeln
1 TL Honig
3 EL Limettensaft
Pfeffer
1 Prise Cayennepfeffer
125 g Kirschtomaten
50 g Baby-Salat-Mix
1 Avocado (Sorte Hass)
100 g Garnelen (gegart, aus dem Kühlregal)
Außerdem: **2 Schüsseln mit Deckel**

Zubereitungszeit: 25 Min.
+ 16 Min. Garen
Pro Portion ca. 695 kcal
22 g E, 25 g F, 94 g KH

1 Den Reis in ein Sieb geben und so lange kalt abbrausen, bis das ablaufende Wasser klar bleibt. Dann den Reis in einen Topf umfüllen und 300 ml Wasser dazugießen, leicht salzen. Den Reis zum Kochen bringen und bei kleiner bis mittlerer Hitze zugedeckt ca. 6 Min. köcheln lassen. Dann die Herdplatte ausschalten und den Reis in weiteren 10 Min. gar ziehen lassen.

2 Den gegarten Reis auflockern und 10–15 Min. abkühlen lassen, dann in die Schüssel häufen.

3 Inzwischen für die Salsa die Ananas klein würfeln. Frühlingszwiebeln putzen, waschen und in feine Ringe schneiden. Beides mit dem Honig und 1 EL Limettensaft verrühren. Mit Salz, Pfeffer und 1 Prise Cayennepfeffer leicht scharf würzen.

4 Die Tomaten waschen und halbieren. Den Baby-Salat-Mix waschen und trocken schleudern. Die Avocado längs halbieren und entkernen. Das Fruchtfleisch mit einem Esslöffel aus der Schale lösen, in dünne Scheiben schneiden und mit 1 EL Limettensaft beträufeln, salzen. Garnelen in einem Sieb kalt abbrausen, dann mit übrigem Limettensaft (1 EL) beträufeln. Mit Salz und restlichem Cayennepfeffer (1 Prise) würzen.

5 Salat-Mix, Tomaten, Avocado, Garnelen und Salsa auf dem Reis anrichten. Schüsseln verschließen und bis zum Verzehr kalt stellen. Dafür eventuell einen Kühl-Akku mit einem Geschirrtuch umwickeln und in der Tasche unter die Schüssel legen. In der Pause genießen.

4 × VERLOCKENDE SALATE TO GO …

BISTRO-SALAT

FÜR 2 PORTIONEN
Pro Portion ca. 315 kcal, 17 g E, 23 g F, 9 g KH

4 **Eier** (M) in 6 ½ Min. wachsweich kochen, dann abgießen und in kaltem Wasser abkühlen lassen, schälen, halbieren. 150 g gefrorene **TK-Brechbohnen** in kochendes Wasser geben, **salzen** und zugedeckt bei mittlerer Hitze in 8 Min. bissfest garen. Dann abgießen, kalt abschrecken und trocken schleudern. Zwischendurch 3 EL **Weißweinessig,** 1 EL **Honigsenf** und 2 EL **Olivenöl** verrühren. 1 **Knoblauchzehe** schälen und dazupressen. Dressing mit **Salz** und **Pfeffer** würzen und auf die Bügelgläser verteilen. 6 **Radieschen** waschen, putzen und in Scheiben schneiden. 100 g **Baby-Salat-Mix** waschen und trocken schleudern. Beides mit den Bohnen und den Eiern in die Gläser schichten. 1 Bund **Schnittlauch** abbrausen, trocken schütteln, in Röllchen schneiden und über die Eier streuen. Vor Ort den Salat mit dem Dressing mischen und genießen.

VIETNAM-NUDELSALAT

FÜR 2 PORTIONEN
Pro Portion ca. 820 kcal, 29 g E, 35 g F, 90 g KH

Reichlich Wasser aufkochen und **salzen.** Darin 200 g **Capellini** nach Packungsanweisung bissfest garen, dann in ein Sieb abgießen, kalt abschrecken und abtropfen lassen. 1 **Frühlingszwiebel** putzen, waschen, in Ringe schneiden. Je 1 kleines Bund **Koriandergrün** und **Minze** abbrausen und trocken schütteln, die Blättchen abzupfen. 1 **Möhre** schälen und mit dem Sparschäler feine Streifen abziehen. 200 g **Räuchertofu** würfeln, in einer Pfanne in 1 EL **Öl** 4 Min. anbraten und mit 2 EL **Sojasauce** glasieren. 3 EL **Weißweinessig,** 2 TL **Zucker,** 2 TL **Fischsauce** und 3 EL **Öl** verrühren. Dressing mit **Salz** und **Pfeffer** würzen und auf die Bügelgläser verteilen. Nudeln, Frühlingszwiebeln, Tofu, Möhre, Kräuter und je 2 EL **Röstzwiebeln** (Fertigprodukt) in die Gläser schichten. Vor Ort den Salat mit dem Dressing mischen und genießen.

..., die jeder Pause den gewissen X-Factor verleihen. Einfach am Lieblingsort niederlassen und dann entspannt genießen. Für den Transport die Salate in zwei 1 200-ml-Bügelgläser füllen und bis zum Verzehr kalt stellen. Dafür einen Kühl-Akku mit einem Geschirrtuch umwickeln und in der Tasche unters Glas legen.

ASIA-SPITZKOHLSALAT

FÜR 2 PORTIONEN

Pro Portion ca. 310 kcal, 9 g E, 16 g F, 24 g KH

In einer großen Schüssel 2 TL **Erdnussmus,** 2 EL **Zitronensaft**, 2 EL **Sojasauce**, 2 EL **Öl** und 2 TL **Zucker** verrühren. Das Dressing mit **Salz** und **Pfeffer** würzen. Je 200 g **Spitzkohl** und 200 g **Radicchio** waschen, putzen und in feine Streifen schneiden. 1 **Apfel** waschen, entkernen und klein würfeln. Alles in die Schüssel geben und mit dem Dressing mischen. Den Spitzkohlsalat auf die Bügelgläser verteilen. 1 **Möhre** schälen und grob raspeln. 1 **gelbe Paprika** waschen, putzen, in feine Streifen schneiden. 1 kleines Bund **Koriandergrün** abbrausen und trocken schütteln, die Blättchen abzupfen und eventuell noch grob hacken. Möhre, Paprika, Koriander und 1 EL **gesalzene Cashewkerne** auf dem Salat verteilen. Vor Ort alle Zutaten im Glas mischen und den Salat genießen.

BOHNENSALAT MIT FETA

FÜR 2 PORTIONEN

Pro Portion ca. 435 kcal, 21 g E, 24 g F, 34 g KH

1 Dose **Kidneybohnen** (250 g Abtropfgewicht) in ein Sieb abgießen, kalt abbrausen, abtropfen lassen. 1 **gelbe Paprika** waschen, putzen und in kleine Würfel schneiden. 1 große **Tomate** waschen und ebenfalls klein schneiden, dabei den Stielansatz entfernen. 1 kleines Bund **Basilikum** abbrausen und trocken schütteln, die Blättchen abzupfen. 100 g **Schafskäse** (Feta) in nicht zu kleine Stücke zerbröckeln. 2 EL **Aceto balsamico bianco,** 2 TL **Honig,** ½ TL **gemahlenen Kreuzkümmel,** ½ TL **edelsüßes Paprikapulver** und 1 EL **Öl** verrühren. Dressing mit **Salz** und **Pfeffer** würzen und auf die Bügelgläser verteilen. Kidneybohnen, Paprika, Tomate, Feta und Basilikum in die Gläser schichten. Zum Schluss noch 2 EL **Mandeln** daraufstreuen. Vor Ort den Salat mit dem Dressing mischen und genießen.

BASIC-RAMEN-SUPPE

Perfekte Basis für den Suppentrend aus Japan

FÜR 2 PORTIONEN

2 Frühlingszwiebeln
2 Knoblauchzehen
1 EL Öl
2 TL Chilisauce (z. B. Sriracha)
½ TL Ingwerpulver
1 EL Zucker
700 ml heiße Brühe (Gemüse-, Rinder- oder Hühnerbrühe)
2 EL Sojasauce
2 TL Fischsauce
1 EL Limettensaft
160 g japanische Weizennudeln (Ramen, gegart)
Außerdem: **2 Thermoskannen (à 500 ml), 2 hitzebeständige Schraubgläser (à 500 ml)**

Zubereitungszeit: 15 Min.
Pro Portion ca. 250 kcal
7 g E, 6 g F, 38 g KH

1 Die Frühlingszwiebeln waschen, putzen und möglichst schräg in dünne Ringe schneiden. Den Knoblauch schälen und fein würfeln.

2 In einem Topf das Öl mit Frühlingszwiebeln, Knoblauch, Chilisauce, Ingwerpulver und Zucker erhitzen und 1 Min. dünsten. Dann Brühe, Soja- und Fischsauce angießen. Alles 2 Min. köcheln lassen, mit dem Limettensaft abschmecken.

3 Für den Transport die Brühe auf die Thermoskannen verteilen, verschließen. Die Nudeln (und nach Belieben noch ein paar andere Zutaten: siehe Tipp) in die Schraubgläser füllen, ebenfalls verschließen. Nudeln & Co. bis zum Verzehr kalt stellen. Dafür eventuell einen Kühl-Akku mit einem Geschirrtuch umwickeln und in der Tasche unter die Box legen.

4 Nudeln (und alle weiteren Zutaten) vor Ort mit der heißen Brühe übergießen, 1 Min. warten und dann die Suppe Löffel für Löffel genießen.

TIPP:
Klassische Zutat für die Ramen-Suppe sind japanische Weizennudeln (Ramen), genauso schmecken aber auch gegarte Spaghettini. Die Nudeln können jederzeit ergänzt werden: etwa mit hart gekochtem Ei, gewürfeltem Tofu, gegartem Blattspinat, gegarten Pilzen, Mungbohnensprossen oder Röstzwiebeln (Fertigprodukt). Ebenfalls sehr lecker: Stremellachs oder gegarte Garnelen. Super zum Abrunden: ein paar Tropfen geröstetes Sesamöl.

KALTE SOMMERSUPPE

Der Knüller an heißen Tagen

FÜR 2 PORTIONEN

1 Frühlingszwiebel
8 Radieschen (samt Grün)
1 Bund Dill
500 g Joghurt
½ TL Zucker
1 EL Zitronensaft
Salz | Pfeffer
200 g Bio-Salatgurke
60 g Walnusskerne
4 herzhafte Hefegebäckstangen
50 g luftgetrockneter roher Schinken (4 Scheiben)
Außerdem: **2 Bügelgläser (à 500 ml), 2 Transportboxen**

Zubereitungszeit: 15 Min.
Pro Portion ca. 585 kcal
23 g E, 37 g F, 36 g KH

1 Frühlingszwiebel und Radieschen waschen und putzen. Den Dill abbrausen und trocken schütteln. Alles samt Grün und Stängeln grob zerkleinern. Mit Joghurt, 200 ml Wasser, Zucker und Zitronensaft mit dem Pürierstab oder in einem Standmixer fein pürieren. Mit Salz und Pfeffer abschmecken.

2 Für den Transport die Suppe auf die Bügelgläser verteilen. Die Gurke waschen und fein würfeln, die Walnüsse grob zerbröckeln. Beides in die Suppe geben, die Gläser verschließen.

3 Die Hefegebäckstangen mit den Schinkenscheiben umwickeln und die Sticks in die Transportboxen legen, die Boxen verschließen.

4 Die Sommersuppe und die Schinkensticks bis zum Verzehr kalt stellen. Dafür eventuell einen Kühl-Akku mit einem Geschirrtuch umwickeln und in der Tasche unters Glas und die Box legen. Die Sticks zur Suppe naschen.

TIPP:
Auch Grissini oder nicht zu dicke Melonenspalten (z. B. von Galia- oder Cantaloupe-Melone) lassen sich wunderbar mit Schinken umwickeln und passen perfekt zur Suppe.

ISAR
KINDL

FEIERABEND

SCHNELLE MAHLZEITEN ZWISCHEN UNI UND FREIZEIT

DIE SCHNELLEN 4 FÜR EINEN GENUSSVOLLEN FEIERABEND

SPECK

Würzt Speisen mit seinem kräftig-salzigen Geschmack | gibt es geräuchert oder luftgetrocknet, fett als auch mager | gewürfelt in praktischen kleinen Portionen (50–75 g) im Kühlregal | Scheiben von durchwachsenem Frühstücksspeck im Handel als »Bacon« erhältlich | Schinkenspeckwürfel machen die Italo-Stars **Brokkoli-Speck-Pasta** (Seite 21) und **Auberginen-Lasagne** (Seite 68) zu einem deftigen Genuss | als **Pfannkuchen mit Speck und Preiselbeeren** (Seite 60) ein echter westfälischer Klassiker | geniales Topping für **Linsensalat** (Seite 52): Ziegenkäse, Bacon und Honig.

TOMATENSUGO & TOMATENPASSATA

Sugo ist eine einfache gekochte Tomatensauce, Passata ein rohes, manchmal auch gewürztes Tomatenpüree | fruchtiger, leicht süßlicher Geschmack, weil die Tomaten hierfür extrareif geerntet und sofort verarbeitet werden | wie alle Tomatenprodukte enthalten sie das wertvolle Antioxidans Lycopin, das bei Stress die Körperzellen schützt | ganzjährig verfügbar, lange haltbar und so superpraktisch | Sugo ist die blitzschnelle Saucenbasis für **Quinoa-Chili sin Carne** (Seite 18) und **Gefüllte Zucchini** (Seite 70) | Passata wird in **Auberginen-Lasagne** (Seite 68) mit Speck und Zwiebeln aufgehübscht | im **Mexican** (Seite 131) mit Wodka eine chilischarfe Partyüberraschung | Tipp: als Ersatz stückige Tomaten verwenden!

FRISCHE GEFÜLLTE NUDELN

Sind in wenigen Minuten gegart | Ravioli, Tortelloni & Co. im Kühlregal mit den unterschiedlichsten Füllungen erhältlich | diese Füllungen schmecken viel besser als die von getrockneter Pasta | direkt aus der Pfanne als aromatische **Frische-Kräuter-Pasta** (Seite 20) und soulfoodige **One-Pan-Tortelloni mit Pilzen** (Seite 54) | ein formidabler Ersatz für klassische Lasagnenudeln in **Auberginen-Lasagne** (Seite 68) | Tipp: auf den Fettgehalt der Füllung achten!

FERTIGE DIPS

Praktisch, wenn's schnell gehen muss | in vielen Varianten erhältlich | fertig gewürzt und sofort einsatzbereit | Veggie-Lieblinge: unzählige Hummussorten von »Rote Bete« bis »pikant« | sie sollten möglichst wenig Zusatzstoffe enthalten | pikanter Hummus ist ein würziger Aufstrich für **Bagels** (Seite 38) und eine geniale Creme auf **Blätterteigtarte mit Falafel** (Seite 106) | Tsatsiki toppt mit Knoblauchwürze **Greek-Style-Pasta** (Seite 21) und **Veggie-Lahmacun** (Seite 62) | auch knoblauchlastig und gleichzeitig in love with Fladenbrot ist der Aioli-Dip in **Gebackener Feta im Fladenbrot** (Seite 64) und **Party-Fingerfood** (Seite 125) für Party-Abende | In Letzerem gesellt sich Ajvar zu der Aioli und verleiht zudem dem **Paprika-Basilikum-Dip** zu **Kartoffel-Wedges** (Seite 26) sein herrliches Aroma | Sour-Cream-Dip bettet sich in **Pfannkuchen mit Zucchini** (Seite 61) unter **Lachs** | Tipp: Die **Blätterteigtarte mit Falafel** (Seite 106) wird knallbunt und schmeckt auch mit Rote-Bete-Hummus super.

LINSENSALAT MIT ZIEGENKÄSE

Starthelfer in einen entspannten Abend

FÜR 2 PORTIONEN

1 Dose braune Linsen (265 g Abtropfgewicht)
1 rote Paprika
½ Bio-Salatgurke
2 EL Aceto balsamico bianco
1½ EL Öl
1 TL mittelscharfer Senf
1½ EL Honig
Salz | Pfeffer
2 Prisen Cayennepfeffer
1 Rolle Ziegenweichkäse (150 g)
70 g Frühstücksspeck (Bacon, in Scheiben)
50 g Baby-Salat-Mix

Zubereitungszeit: 25 Min.
Pro Portion ca. 565 kcal
26 g E, 40 g F, 22 g KH

1 Linsen in ein Sieb abgießen, kalt abbrausen und abtropfen lassen. Die Paprika waschen, halbieren, weiße Trennwände und Kerne entfernen. Die Hälften in schmale Streifen schneiden, diese eventuell noch halbieren. Die Gurke waschen, längs vierteln und in dünne Scheiben schneiden. Beides mit den Linsen mischen.

2 Essig, 1 EL Öl, Senf und ½ EL Honig glatt verrühren und zum Linsensalat geben. Alles gut durchmischen und den Salat mit Salz, Pfeffer und Cayennepfeffer würzen.

3 Den Ziegenkäse in ca. 2 cm dicke Taler schneiden. Die Baconscheiben quer halbieren. Das übrige Öl (½ EL) in einer beschichteten Pfanne erhitzen. Die Ziegenkäsetaler darin von beiden Seiten in 3 Min. goldbraun braten, dabei einmal wenden, dann herausnehmen. Bacon in die Pfanne geben und braten, bis er gebräunt ist, dabei immer wieder mal wenden.

4 Den Baby-Salat-Mix waschen und trocken schleudern. Salat-Mix unter den Linsensalat heben, den Salat auf tiefe Teller oder Schalen verteilen. Die Ziegenkäsetaler und den Bacon darauf anrichten. Übrigen Honig (1 EL) in der Pfanne aufwallen lassen und über Bacon und Käse träufeln. Den Salat servieren.

ONE-PAN-TORTELLONI MIT PILZEN

Easy Italian Soul Food

FÜR 2 PORTIONEN

300 g Champignons
250 g Kirschtomaten
1 EL Öl
400 g frische Tortelloni (Füllung nach Belieben, aus dem Kühlregal)
1 Knoblauchzehe
1 Bund Frühlingszwiebeln
Salz | Pfeffer
100 ml heiße Gemüsebrühe
100 g Sahne
1 EL Aceto balsamico bianco
40 g Parmesan (am Stück)

Zubereitungszeit: 30 Min.
Pro Portion ca. 730 kcal
32 g E, 35 g F, 70 g KH

1 Die Pilze putzen und in dünne Scheiben schneiden. Die Tomaten waschen. Öl in einer Pfanne erhitzen und die Pilze darin 3 Min. anbraten. Die Tomaten zu den Pilzen geben und alles ca. 4 Min. weiterbraten, dabei hin und wieder durchrühren.

2 Die Tortelloni in die Pfanne geben, den Knoblauch schälen und dazupressen. Alles zugedeckt 2–3 Min. braten. Inzwischen Frühlingszwiebeln waschen, putzen und in feine Ringe schneiden.

3 Die Tortelloni-Mischung mit Salz und Pfeffer würzen. Brühe und Sahne dazugießen, zugedeckt bei mittlerer Hitze 2 Min. köcheln lassen. Die Frühlingszwiebeln untermischen und alles weitere 3 Min. köcheln lassen.

4 Die One-Pan-Tortelloni mit Essig, Salz und Pfeffer abschmecken und auf Teller verteilen. Parmesan mit den Händen grob zerbröckeln und über die Pasta streuen.

2 WINE GLASSES BRANDY

SÜSSKARTOFFELPFANNE MIT HACK

One-Pan-Wonder

FÜR 2 PORTIONEN

400 g Süßkartoffeln
1 rote Paprika
1 Zwiebel
300 ml heiße Gemüsebrühe
1 TL gemahlener Kreuzkümmel
1 TL edelsüßes Paprikapulver
1 Dose Kichererbsen (265 g Abtropfgewicht)
1 EL Öl
300 g gemischtes Hackfleisch (halb und halb)
Salz | Pfeffer
2 TL rote Thai-Currypaste
2 EL Tomatenmark
1 TL Zucker
1 ½ EL Aceto balsamico bianco

Zubereitungszeit: 30 Min.
Pro Portion ca. 845 kcal
42 g E, 40 g F, 74 g KH

1 Süßkartoffeln schälen und klein schneiden. Die Paprika waschen, halbieren, weiße Trennwände und Kerne entfernen. Die Hälften klein würfeln. Die Zwiebel schälen und fein schneiden. Brühe mit Kreuzkümmel und Paprikapulver verrühren. Die Kichererbsen in ein Sieb abgießen, kalt abbrausen und abtropfen lassen.

2 Das Öl in einer großen Pfanne erhitzen. Darin das Hackfleisch bröselig und leicht braun braten. Mit Salz und Pfeffer würzen. Zwiebel, Paprika, Süßkartoffeln und die Kichererbsen dazugeben und ca. 3 Min. mitbraten. Dann die Hälfte der Gemüsebrühe angießen, die Temperatur reduzieren und alles bei mittlerer Hitze ca. 8 Min. zugedeckt köcheln lassen.

3 Restliche Brühe (150 ml) mit Currypaste, Tomatenmark, Zucker und Essig verrühren. In die Pfanne gießen, aufkochen und alles weitere 5 Min. bei kleiner Hitze leise kochen lassen, bis die Süßkartoffeln gar sind. Mit Salz und Pfeffer abschmecken. Die Süßkartoffelpfanne auf tiefe Teller oder Schalen verteilen und servieren.

SCHWEINEFLEISCH HOT'N'SOUR

Schneller Asia-Klassiker

FÜR 2 PORTIONEN

1 rote Zwiebel
1 gelbe Paprika
100 g Bio-Salatgurke
1 Tomate
1 Dose Ananasstücke (ca. 450 g)
2 EL Chilisauce (z. B. Sriracha)
1 EL Weißweinessig
1 ½ TL Zucker
2 TL Speisestärke
1 Knoblauchzehe
1 EL Öl
200 g Schweinegeschnetzeltes
(von der Fleischtheke)
Salz

Zubereitungszeit: 25 Min.
Pro Portion ca. 375 kcal
9 g E, 8 g F, 62 g KH

1 Die Zwiebel schälen und grob würfeln. Die Paprika waschen, halbieren, weiße Trennwände und Kerne entfernen. Die Hälften in mundgerechte Stücke schneiden. Gurke waschen, längs halbieren und in dicke Scheiben schneiden. Die Tomate waschen und in grobe Stücke schneiden, dabei den Stielansatz entfernen.

2 Die Ananasstücke in ein Sieb abgießen, dabei den Saft in einer Schüssel auffangen. Den Saft mit Chilisauce, Essig, Zucker und Stärke glatt verrühren. Knoblauch schälen und dazupressen.

3 Das Öl in einer Pfanne erhitzen. Das Fleisch darin mit Paprika und Zwiebel zugedeckt 5 Min. anbraten, dabei hin und wieder umrühren.

4 Das Fleisch und das Gemüse mit Salz würzen. Ananasstücke, Gurke und Tomate dazugeben und alles weitere 3 Min. garen. Die Sauce dazugießen und in 1–2 Min. leicht dicklich einkochen lassen. Schweinefleisch Hot'n'Sour mit Salz abschmecken und genießen. Dazu passt Jasmin- oder Basmati-Reis sehr gut.

4 × SIMPLE PFANNKUCHEN ...

PFANNKUCHEN MIT SPECK UND PREISELBEEREN

FÜR 2 PORTIONEN

Pro Portion ca. 475 kcal, 26 g E, 25 g F, 36 g KH

1 **Zwiebel** schälen und fein würfeln. In zwei beschichteten Pfannen je 1 TL **Butter** schmelzen. Darin jeweils die Hälfte der Zwiebelwürfel bei mittlerer Hitze glasig dünsten. Je 1 große Kelle Teig in jede Pfanne gießen und darin durch Schwenken verteilen. Mit je 50 g **Schinkenspeckwürfeln** bestreuen und 3–4 Min. backen. 100 g **Brie** in dünne Scheiben schneiden. Die Pfannkuchen wenden, jeweils mit der Hälfte des Käses belegen und zugedeckt in 3–4 Min. fertigbraten. Die Pfannkuchen zusammenklappen und je 2 EL **Preiselbeeren** (aus dem Glas) darüberklecksen. Dazu passt Feldsalat sehr gut.

PFANNKUCHEN MIT TOMATEN UND PARMESAN

FÜR 2 PORTIONEN

Pro Portion ca. 560 kcal, 23 g E, 32 g F, 39 g KH

250 g **Kirschtomaten** waschen und halbieren. 1 **rote Zwiebel** schälen, fein würfeln. 1 kleines Bund **Basilikum** abbrausen, trocken schütteln, die Blättchen abzupfen. Alles mit 3 EL **Aceto balsamico,** 2 EL **Olivenöl** und 2 TL **Honig** mischen. **Salzen, pfeffern** und kurz marinieren. In zwei beschichteten Pfannen je 1 TL **Butter** schmelzen. Je 1 große Kelle Teig in jede Pfanne gießen und darin durch Schwenken verteilen. Die Pfannkuchen 3–4 Min. bei mittlerer Hitze backen, wenden und in 3–4 Min. fertigbacken. 70 g **Parmesan** (am Stück) fein reiben. Die fertigen Pfannkuchen auf einer Hälfte mit etwas Parmesan bestreuen und mit den marinierten Tomaten belegen. Zusammenklappen und mit dem übrigen Parmesan bestreuen.

… mit dem gewissen Etwas: dafür zunächst für den Pfannkuchenteig 75 g Mehl mit 125 ml Milch glatt verrühren, dann 1 Ei (M) und 2 EL Mineralwasser unterrühren. Den Teig salzen und 10 Min. quellen lassen. Dann daraus – am besten gleichzeitig in zwei Pfannen – die absoluten Lieblingspfannkuchen backen.

PFANNKUCHEN MIT ZUCCHINI UND LACHS

FÜR 2 PORTIONEN

Pro Portion ca. 435 kcal, 19 g E, 25 g F, 34 g KH

1 kleinen **Zucchino** waschen, putzen, raspeln, salzen und 10 Min. ziehen lassen. 2 Stängel **Dill** abbrausen, trocken schütteln und samt Stängeln fein hacken. Zucchiniraspel gut ausdrücken und mit der Hälfte des Dills unter den Teig rühren. In zwei beschichteten Pfannen je 1 TL **Butter** schmelzen. Je 1 große Kelle Teig in jede Pfanne gießen und darin durch Schwenken verteilen. Die Pfannkuchen 3–4 Min. bei mittlerer Hitze backen, wenden und in 3–4 Min. fertigbacken. Die fertigen Pfannkuchen auf einer Hälfte mit je 2 TL **Honigsenf** und 75 g **Sour-Cream-Dip** bestreichen. Dann mit je 50 g **Räucherlachs** (in Scheiben) belegen, dem restlichen Dill bestreuen und zusammenklappen.

BANANEN-PFANNKUCHEN MIT SALTY CARAMEL

FÜR 2 PORTIONEN

Pro Portion ca. 695 kcal, 14 g E, 27 g F, 80 g KH

4 EL **Karamellsauce** (aus dem Glas) mit ein wenig **Salz** würzen. 2 **Bananen** schälen und in dünne Scheiben schneiden. In zwei beschichteten Pfannen je 1 TL **Butter** schmelzen. Darin jeweils die Hälfte der Bananenscheiben 1–2 Min. anbraten. Je 1 große Kelle Teig in jede Pfanne gießen und darin durch Schwenken verteilen. Die Pfannkuchen 3–4 Min. bei mittlerer Hitze backen, wenden und in 3–4 Min. fertigbacken. Fertige Pfannkuchen auf Dessertteller gleiten lassen und mit der Karamellsauce beträufeln. Dann jeweils 2 EL **gesalzene Erdnusskerne** und 1 EL **Raspelschokolade** darüberstreuen. Mit je 1 Kugel **Vanilleeis** genießen.

VEGGIE-LAHMACUN

Tortillas auf Türkei-Trip

FÜR 3 PORTIONEN

350 g vegetarische Bolognese (aus dem Glas)
1 TL gemahlener Kreuzkümmel
½ TL Cayennepfeffer
Salz | Pfeffer
6 weiche Weizentortillas (à 25 cm Ø)
350 g Krautsalat (aus dem Kühlregal)
½ Bio-Salatgurke
125 g Baby-Salat-Mix
200 g Tsatsiki (aus dem Kühlregal)
6 TL Olivenöl (nach Belieben)

Zubereitungszeit: 15 Min.
+ 25 Min. Backen
Pro Portion ca. 610 kcal
18 g E, 12 g F, 102 g KH

1 Den Backofen auf 200° vorheizen. Ein Backblech mit Backpapier auslegen. Die Bolognese mit den Gewürzen verrühren und mit Salz und Pfeffer abschmecken.

2 Die Tortillas nebeneinander auf die Arbeitsfläche legen und mit der Bolognese bestreichen. 2 Tortillas auf das Backblech legen und im Ofen (Mitte) in ca. 8 Min. knusprig backen. Nach und nach die übrigen Tortillas genauso backen.

3 Inzwischen den Krautsalat in einem Sieb abtropfen lassen und leicht ausdrücken. Gurke waschen und längs vierteln, dann in dünne Scheiben schneiden. Den Baby-Salat-Mix waschen und trocken schleudern.

4 Fertige Tortillas auf Teller legen und etwas Tsatsiki daraufgeben. Die Fladen mit Krautsalat, Gurke und Salat-Mix belegen. Salzen, pfeffern und nach Belieben jeweils noch mit 1 TL Olivenöl beträufeln. Sofort genießen!

TIPP:
Ist der Hunger nicht so groß, reichen die Veggie-Lahmacun für 6 Leute. Und natürlich kann man auch nur 2, 3 oder 4 Tortillas backen und belegen und hat dann für den nächsten Tag noch etwas in petto.

GEBACKENER FETA IM FLADENBROT

Bye-bye, Dönermann!

FÜR 2 PORTIONEN

1 rote Zwiebel
200 g Schafskäse (Feta)
1 TL Gyrosgewürz
6 Oliven (grün oder schwarz, ohne Stein)
2 TL Kapern
1 EL Honig
100 g Bio-Salatgurke
½ türkisches Fladenbrot
2 EL Aioli-Dip (aus dem Kühlregal)

Zubereitungszeit: 15 Min.
+ 20 Min. Backen
Pro Portion ca. 725 kcal
29 g E, 37 g F, 70 g KH

1 Den Backofen auf 200° vorheizen. Zwiebel schälen, in dünne Ringe schneiden und in eine kleine Auflaufform (25 cm Ø oder 25 × 20 cm) legen. Den Schafskäse kurz abtropfen lassen, dann auf die Zwiebelringe legen und mit dem Gyrosgewürz bestreuen.

2 Die Oliven in Ringe schneiden und mit den Kapern auf dem Feta verteilen. Mit dem Honig beträufeln. Den Käse im Ofen (Mitte) 20 Min. backen und bräunen, gegebenenfalls nach 15 Min. noch den Grill dazuschalten.

3 Die Gurke waschen und in dünne Scheiben schneiden. Das Fladenbrot halbieren und jeweils bis zum Rand hin ein-, aber nicht ganz durchschneiden. Das Brot in den letzten 5 Min. mit in den Backofen geben.

4 Die Fladenbrotecken und den Feta aus dem Ofen nehmen. Die Brote aufklappen, mit dem Aioli-Dip bestreichen und den Gurkenscheiben belegen. Dann den Feta halbieren und samt Zwiebel, Oliven und Kapern auf die Fladenbrote verteilen. Zusammenklappen und genießen.

TIPP:
Anstatt des Aioli-Dips (der heißt manchmal auch Allioli-Dip oder Aioli-Creme) eignen sich Ajvar und Tsatsiki als würzige Saucenkomponente genauso gut.

GRATINIERTE GNOCCHI

Mit Basilikum-Frische-Kick

FÜR 2 PORTIONEN

400 g frische Gnocchi (aus dem Kühlregal)
250 g Kirschtomaten
1 Knoblauchzehe
125 g Mozzarella
40 g Kräuterbutter
1 ½ EL Aceto balsamico bianco
1 TL Zucker
Salz | Pfeffer
1 kleines Bund Basilikum
2 EL Olivenöl
30 g geriebener Parmesan

Zubereitungszeit: 20 Min.
+ 25 Min. Backen
Pro Portion ca. 800 kcal
27 g E, 40 g F, 83 g KH

1 Den Backofen auf 200° vorheizen. Gnocchi in eine Schüssel geben, mit kochend heißem Wasser übergießen und 5 Min. ziehen lassen. Dann in ein Sieb abgießen, abtropfen lassen.

2 Inzwischen die Tomaten waschen. Den Knoblauch schälen und fein würfeln. Den Mozzarella abtropfen lassen und klein schneiden. Kräuterbutter mit dem Knoblauch in einem kleinen Topf schmelzen. Mit Essig, Zucker und 2 EL Wasser verrühren. Mit Salz und Pfeffer würzen.

3 Die Gnocchi mit den Tomaten in einer großen Auflaufform (28 cm Ø oder 30 × 20 cm) verteilen. Mozzarellastücke darüberstreuen, dann noch die Kräuterbutter darüberträufeln. Im Ofen (Mitte) 22–25 Min. backen, bis der Käse geschmolzen und das Gratin leicht gebräunt ist.

4 Das Basilikum abbrausen, trocken schütteln und samt der Stängel fein hacken. Mit dem Öl verrühren und mit Salz und Pfeffer würzen. Das fertige Gratin mit dem Basilikumöl beträufeln und mit dem Parmesan bestreuen.

TIPP:
Für eine coole Ergänzung 2 EL Oliven (grün oder schwarz, mit oder ohne Stein) mit den Tomaten und den Gnocchi in die Auflaufform geben oder 2 TL (gehackte) Kapern unter die Kräuterbutter mischen.

AUBERGINEN-LASAGNE

Makes you happy

FÜR 2 PORTIONEN

1 Aubergine (ca. 250 g)
3 EL Öl
1 Zwiebel
1 Knoblauchzehe
50 g Schinkenspeckwürfel
500 g Tomatenpassata
1 ½ EL Zucker
2 TL Pizzagewürz
Salz | Pfeffer
300 g frische gefüllte Nudeln
(z. B. Tortelloni oder Ravioli, Füllung nach Belieben, aus dem Kühlregal)
100 g Reibekäse (z. B. Gouda)

Zubereitungszeit: 30 Min.
+ 25 Min. Backen
Pro Portion ca. 755 kcal
38 g E, 33 g F, 76 g KH

1 Den Backofen auf 200° vorheizen. Aubergine waschen, putzen und der Länge nach in 8 gleich dicke Scheiben schneiden. 1 EL Öl in einer großen Pfanne erhitzen. Die Hälfte der Auberginenscheiben in die Pfanne geben und auf jeder Seite in 2–3 Min. goldbraun braten. Übrige Auberginenscheiben genauso braten. Fertige Auberginenscheiben auf einem Teller stapeln, so garen sie noch etwas nach.

2 Die Zwiebel und den Knoblauch schälen und fein würfeln. Restliches Öl (1 EL) in der Pfanne erhitzen. Darin die Zwiebel- und die Speckwürfel andünsten, bis die Zwiebelwürfel glasig sind. Knoblauch kurz mitdünsten, dann die Tomatenpassata, Zucker und Pizzagewürz hinzufügen. Die Sauce kurz köcheln lassen, dann mit Salz und Pfeffer abschmecken.

3 Ein Drittel der Tomatensauce in eine kleine Auflaufform (25 cm Ø oder 25 × 20 cm) füllen. Die Hälfte der Nudeln darauf verteilen, mit einem Drittel des Käses bestreuen und dann mit 4 Auberginenscheiben belegen. Diese Schichtung wiederholen und das Ganze mit Sauce und Käse abschließen.

4 Die Auberginen-Lasagne im Ofen (Mitte) in 25 Min. goldbraun backen. Herausnehmen, auf Teller verteilen und genießen.

GEFÜLLTE ZUCCHINI

Blitzschnell ofenfertig

FÜR 2 PORTIONEN

2 runde Zucchini
1 rote Zwiebel
2 grobe Bratwürste (250 g)
50 g Schafskäse (Feta)
1 TL Gyrosgewürz
400 g Tomatensugo
1 EL Olivenöl
Salz | Pfeffer

Zubereitungszeit: 15 Min.
+ 25 Min. Backen
Pro Portion ca. 500 kcal
26 g E, 37 g F, 14 g KH

1 Den Backofen auf 200° vorheizen. Zucchini waschen und die Blüten- und Stielansätze glatt abschneiden. Die Zucchini halbieren und so aushöhlen, dass noch ein kleiner Rand stehen bleibt. Die Zwiebel schälen und fein würfeln.

2 Das Brät aus den Wurstpellen drücken. Den Schafskäse zerbröckeln und mit dem Gyrosgewürz und der Hälfte der Zwiebelwürfel unter das Wurstbrät kneten. Das gewürzte Brät in die ausgehöhlten Zucchinihälften drücken.

3 Das Tomatensugo in eine große Auflaufform (28 cm Ø oder 30 × 20 cm) füllen, die Zucchini hineinsetzen. Übrige Zwiebelwürfel darüberstreuen und alles mit dem Olivenöl beträufeln. Im Ofen (Mitte) 25 Min. backen, bis die Füllung gebräunt ist und die Zucchini gar sind.

4 Fertige Zucchini aus dem Sugo heben. Den Sugo mit Salz und Pfeffer abschmecken und mit den Zucchini servieren. Dazu passt Reis, Couscous oder Grünkernschrot.

TIPPS:
Runde Zucchini sind perfekt fürs Füllen und zum Glück findet man sie mittlerweile immer häufiger in den Supermärkten. Sollte es aber einmal keine geben, einfach herkömmliche Zucchini nehmen, längs halbieren und wie zu einem Schiffchen aushöhlen.
Wer möchte, kann das ausgehöhlte Zucchinifleisch klein würfeln und mit dem Tomatensugo in die Form geben.

CHILI-LACHS MIT POLENTA

Richtig edel mit minimalem Aufwand

FÜR 2 PORTIONEN

125 g Baby-Blattspinat
2 Stücke TK-Lachsfilet (à ca. 125 g, leicht angetaut)
2 EL Zitronensaft
½ TL Chiliflocken (z. B. Pul Biber)
125 g Kirschtomaten
1 TL Honig
Salz | Pfeffer
60 g Knoblauchbutter
200 ml Milch
100 g Instant-Polenta (Maisgrieß)

Zubereitungszeit: 30 Min.
Pro Portion ca. 695 kcal
33 g E, 40 g F, 50 g KH

1 Den Backofen auf 200° vorheizen. Spinat waschen, trocken schleudern und in einer großen Auflaufform (28 cm Ø oder 30 × 20 cm) verteilen. Lachs trocken tupfen und die Stücke auf den Spinat setzen. Dann mit dem Zitronensaft beträufeln und mit Chiliflocken bestreuen.

2 Die Tomaten waschen, halbieren, mit dem Honig vermischen und ebenfalls auf den Spinat geben. Alles salzen, pfeffern und die Hälfte der Knoblauchbutter in Flöckchen darauf verteilen. Im Ofen (Mitte) 15 Min. backen, bis der Lachs knapp gar ist. Er darf im Kern ruhig ganz leicht glasig sein, dann ist er noch schön saftig.

3 Inzwischen für die Polenta in einem Topf die Milch und 200 ml Wasser mit der restlichen Knoblauchbutter (30 g) erhitzen. Mit Salz und Pfeffer würzen. Den Maisgrieß unter Rühren einstreuen und die Polenta bei kleiner Hitze in ca. 3 Min. dicklich einkochen lassen. Dann vom Herd nehmen und zugedeckt quellen lassen, bis der Fisch gar ist.

4 Die Auflaufform aus dem Backofen nehmen. Die Polenta mit Salz und Pfeffer abschmecken. Die Lachsfilets auf Teller verteilen. Den Spinat, die Tomaten und die Polenta daneben anrichten.

Zassenhaus

5
OFF

PRÜFUNGS-PHASE

BRAIN- UND POWERFOOD FÜR STRESSIGE TAGE

DIE SCHNELLEN 4 FÜRS DURCHHALTEN & KLARE DENKEN

NÜSSE & MANDELN

-->

Praktische Powersnacks und Toppings für Salate, Gebäck & Co. | reich an Vitaminen und Mineralstoffen | Mandeln zudem voll mit wertvollem Eiweiß | halten einen in Stressphasen leistungsfähig | wegen des hohen Kaloriengehalts ruhig regelmäßig, aber in geringen Mengen genießen | ganze Mandeln am besten mit Haut verwenden | leicht herbe Walnüsse chillen gemeinsam mit Mandeln im **Energy Snack Pack** (Seite 80) | sie lassen sich im **Heidelbeer-Ingwer-Shake** (Seite 82) bereitwillig schreddern und beehren den **Radieschen-Birnen-Salat** (Seite 88) nur zu gerne mit ihrer Gesellschaft | Haselnüsse liefern sich im **Power Porridge** (Seite 78) mit Kokos-Chips einen echt heißen Wettkampf um die goldene Nuss | in der **Avocado-Mandarinen-Bowl** (Seite 86) sind Mandeln eine runde Sache.

AVOCADO

<--

Pflanzliches Powerwunder | versorgen das Gehirn mit den wichtigen Nährstoffen Lecithin, Magnesium, Eisen und Vitamin E | sehr aromatisch und nussig im Geschmack sind die kleinen, dunklen Früchte der Sorte Hass | immer nur reife Früchte mit weichem Fruchtfleisch verwenden | beste Wahl aus ökologischen Aspekten: Bio-Früchte, z. B. aus Spanien | ihr fettreiches Fruchtfleisch macht den **Creamy Green Smoothie** (Seite 82) extra smooth | gehört in Bowls wie der **Avocado-Mandarinen-Bowl** (Seite 86) und der **Reis-Bowl mit Ananassalsa** (Seite 40) fast schon zum Inventar | mit ihnen hat der **Spinat-Röstbrot-Salat** (Seite 90) echte Gourmetqualitäten.

BEEREN

Kleine Vitaminwunder mit erstaunlich wenig Zucker | reich an sekundären Pflanzenstoffen und Antioxidantien, die dem Körper helfen, mit Prüfungsstress umzugehen | bis zur Verwendung kühl stellen, trotzdem (abgesehen von Heidelbeeren) nur recht kurz haltbar | vor dem Verzehr vorsichtig waschen und trocken tupfen | für Müslis, Smoothies und Shakes auch als TK-Ware perfekt geeignet | Himbeeren sind die fruchtige Komponente in **Power Porridge** (Seite 78) | ein bunter Beerencocktail aus dem Tiefkühlfach ist die Basis für die **Frozen Smoothie Bowl** (Seite 79), getoppt wird dabei mit frischen Heidelbeeren | **Heidelbeer-Ingwer-Shake** (Seite 82) und **Bananen-Chia-Shake** (Seite 83) machen fit für steinige Tage | Heidelbeeren sind auch herzhaft ein Genuss auf **Spinat-Röstbrot-Salat** (Seite 90).

HAFERFLOCKEN & FRÜHSTÜCKSBREI

Kernige oder zarte Flocken sind Basis für Müsli, Porridge & Co. | gemahlen mit anderen Zutaten Basis für Frühstücksbrei | leicht bekömmlich, halten trotzdem lange satt und den Blutzuckerspiegel konstant | bringen dich so perfekt durch stressige Vormittage voller Klausuren und Prüfungen | zudem reich an wichtigen Vitaminen und Mineralstoffen sowie wertvollen ungesättigten Fettsäuren | bei Mischungen auf den Zuckergehalt achten | von **Overnight Oats** über **Power Porridge** bis zu **Müsliriegeln:** Haferflocken zeigen auf Seite 78 / 79, was sie bereits zum Frühstück draufhaben | Brei und Müsli vereinen sich mit Waldbeeren zur **Frozen Smoothie Bowl** (Seite 79) | auch unglaublich lecker: Haferkekse gehen mit Erdnussmus im **Energy Snack Pack** (Seite 80) eine gefeierte Verbindung ein.

4 × FRÜHSTÜCKSCEREALIEN …

OVERNIGHT OATS

FÜR 2 PORTIONEN

Pro Portion ca. 570 kcal, 13 g E, 24 g F, 70 g KH

Am Abend des Vortags 125 g **Müsli** (z. B. Nussmüsli) mit 250 g **Joghurt,** 200 ml **Orangensaft** und 1 EL **Ahornsirup** verrühren und in Schraub- oder Bügelgläser (à 400 ml) füllen. Diese verschließen und über Nacht in den Kühlschrank stellen. Dann am nächsten Morgen die Oats in den Gläsern mit je 1 TL **Ahornsirup** beträufeln. 1 **Banane** schälen, in Scheiben schneiden und auf den Oats verteilen. Mit je 1 EL **getrockneten Cranberrys,** 2 TL **Kakao-Nibs** und 2 TL **Hanfsamen** toppen. Overnight Oats sofort genießen. Oder die Gläser verschließen und mit in die Uni nehmen. In diesem Fall bis zum Verzehr kalt stellen. Dafür eventuell einen Kühl-Akku mit einem Geschirrtuch umwickeln und in der Tasche unter das Glas legen.

POWER PORRIDGE

FÜR 1 PORTION

Pro Portion ca. 590 kcal, 16 g E, 29 g F, 61 g KH

In einem Topf 150 ml **Wasser** und 150 ml **Milch** (schmeckt auch mit Pflanzendrinks sehr gut) aufkochen. 50 g **zarte Haferflocken,** 1 TL **Chia-Samen,** 1 Pck. **Bourbon-Vanillezucker** und 1 Prise **Salz** dazugeben und alles bei kleiner bis mittlerer Hitze in 3–5 Min. dicklich einkochen, dabei immer wieder umrühren. Den Porridge in eine Schale oder einen tiefen Teller füllen und mit 1 EL **Himbeersauce** (aus dem Glas) beträufeln. 1 Handvoll **Himbeeren** waschen, trocken tupfen und auf dem Porridge verteilen. Zum Schluss noch 1 EL **gehobelte Haselnusskerne** und 2 EL **Kokos-Chips** darüberstreuen.

..., die dir bereits morgens reichlich Power für einen anstrengenden Tag geben, dabei ganz easy vorzubereiten sind und zudem einfach superlecker schmecken.

MÜSLIRIEGEL

FÜR 8 STÜCK

Pro Portion ca. 195 kcal, 5 g E, 8 g F, 24 g KH

50 g **Erdnusskerne** und 2 EL **getrocknete Cranberrys** grob hacken. Mit 100 g **kernigen Haferflocken,** 50 g **Haferfleks,** 2 EL **Kürbiskernen** und 1 EL **Chia-Samen** mischen. In einem großen Topf 2 EL **Kokosöl,** 50 g **Zucker,** 50 g **Honig** und einige Spritzer **Zitronensaft** erhitzen und rühren, bis die Masse hellbraun karamellisiert ist. Die Müslimischung dazugeben und alles gut durchrühren. Die Müslimasse auf einem mit Backpapier ausgelegten großen Teller verteilen, dabei zu einem Quadrat (20 × 20 cm) formen. Mit Backpapier belegen und fest andrücken, z. B. mit einem Topfboden. Zugedeckt im Kühlschrank 1 Std. kalt stellen. Dann das obere Backpapier abziehen und die Platte in 8 Riegel schneiden (ca. 5 × 10 cm). Die Müsliriegel bis zum Verzehr in einer Keksdose aufbewahren. Sie halten sich ca. 2 Wochen.

FROZEN SMOOTHIE BOWL

FÜR 1 PORTION

Pro Portion ca. 615 kcal, 21 g E, 27 g F, 66 g KH

In einem hohen Rührbecher 100 g leicht angetaute **gemischte TK-Waldbeeren** (auch gut: TK-Waldheidelbeeren, -Himbeeren, -Erdbeeren) mit 250 g **Joghurt**, 4 EL **Basis-Frühstücksbrei,** 1 EL **Honig,** 1 TL **Zitronensaft** und 1 TL **Chia-Samen** mit dem Stabmixer fein pürieren und in eine Schale füllen. Die Bowl mit je 1 EL **Müsli** (am besten die Lieblingssorte) und **Kürbiskernen** sowie je 1 TL **Chia-Samen** und **Kakao-Nibs** garnieren. 50 g **Heidelbeeren** waschen, trocken tupfen und ebenfalls auf der Bowl anrichten. Sofort genießen.

ENERGY SNACK PACK

Ideal für Klausuren

FÜR 2 PORTIONEN

1 Banane
400 g Skyr
1 EL Leinöl
1 EL Honig
1½ EL Zitronensaft
8 Haferkekse (à 7 cm Ø)
3 EL Erdnussmus
1 Birne
2 EL Mandeln
2 EL Walnusskerne
Außerdem: **2 verschließbare Bügel- oder Schraubgläser (à 400 ml), 2 Transportboxen**

Zubereitungszeit: 15 Min.
Pro Portion ca. 765 kcal
37 g E, 39 g F, 61 g KH

1 Die Banane schälen, in Scheiben schneiden und auf die beiden Gläser verteilen. Skyr mit 50 ml Wasser, Leinöl, Honig und 1 EL Zitronensaft verrühren und in die Gläser füllen. Gläser verschließen und kalt stellen.

2 Die Hälfte der Kekse auf der Unterseite mit Erdnussmus bestreichen. Die übrigen Kekse mit der Unterseite auf die bestrichenen Keksseiten setzen, sodass Doppelkekse entstehen.

3 Die Birne waschen, vierteln und entkernen. Die Birnenviertel in Spalten schneiden und mit dem restlichen Zitronensaft (½ EL) beträufeln. Birnen, Doppelkekse, Mandeln und Walnusskerne in die Transportboxen legen und die Boxen verschließen.

4 Die Skyr-Gläser bis zum Verzehr kalt stellen Dafür eventuell einen Kühl-Akku mit einem Geschirrtuch umwickeln und in der Tasche unter das Glas legen. In der Pause Birne, Doppelkekse, Mandeln und Walnüsse aus der Hand essen, für den Bananen-Skyr einen Löffel mitnehmen.

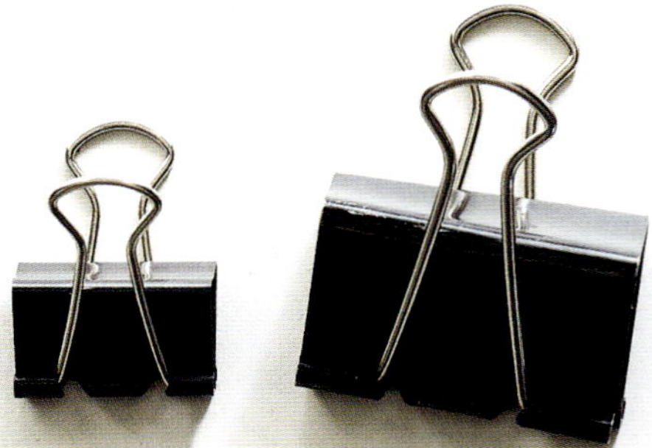

4 × POWER DRINKS …

CREAMY GREEN SMOOTHIE

FÜR 1 PORTION
Pro Portion ca. 460 kcal, 10 g E, 33 g F, 31 g KH

100 g **TK-Mango** in einem Standmixer leicht antauen lassen. ½ **Avocado** (Sorte Hass) falls nötig entkernen, dann schälen und in grobe Stücke schneiden. 40 g **Baby-Blattspinat** waschen, trocken schleudern und mit der Avocado, 200 ml **Grapefruitsaft,** 2 EL **Limettensaft** und 2 EL **Kürbiskernen** zur Mango geben. Alles fein pürieren, in ein Glas füllen und genießen. Tipp: Wer es milder mag, kann statt Grapefruitsaft auch Orangensaft verwenden!

HEIDELBEER-INGWER-SHAKE

FÜR 1 PORTION
Pro Portion ca. 420 kcal, 11 g E, 20 g F, 43 g KH

125 g **Heidelbeeren** waschen und abtropfen lassen. 1 Scheibe **Ingwer** (ca. 10 g) schälen und fein würfeln. Beides mit 125 g **Joghurt,** 100 ml **Haferdrink**, 2 EL **zarten Haferflocken,** 2 EL **Walnusskernen,** 1 TL **Zitronensaft** und 2 TL **Honig** in einen Mixbecher geben und mit dem Stabmixer fein pürieren. Shake in ein Glas füllen und sofort genießen. Tipp: Der Drink dickt etwas nach und kann auch gelöffelt werden.

... mit denen du den Tag in Stressphasen optimal startest oder dir zwischendurch verloren gegangene Energie zurückholst. Denn diese Drinks schmecken nicht nur, sie versorgen dich zudem perfekt mit Vitaminen, Mineralien und Antioxidantien.

GOLDEN MILK

FÜR 2 PORTIONEN

Pro Portion ca. 240 kcal, 9 g E, 14 g F, 20 g KH

In einem hohen Topf 500 ml **Milch** (auch fein: Hafer- oder Mandeldrink) mit 2 TL **Kokosöl,** 1½ TL **gemahlener Kurkuma,** ½ TL **Zimtpulver,** ½ TL **Ingwerpulver** und 1 Prise **Pfeffer** erhitzen. Die Milch bei kleiner Hitze 5 Min. ziehen lassen. Vom Herd nehmen und 1 EL **Ahornsirup** unterrühren. Die Golden Milk mit dem Stabmixer leicht schaumig mixen und auf Tassen verteilen. Zur Deko nach Wunsch noch mit ein wenig **gemahlener Kurkuma** und **Zimtpulver** bestreuen. Sofort genießen!

BANANEN-CHIA-SHAKE

FÜR 1 PORTION

Pro Portion ca. 245 kcal, 6 g E, 5 g F, 41 g KH

1 kleine **Banane** schälen und grob würfeln. Mit 50 g gefrorenen **TK-Himbeeren** (frische Beeren gehen auch), 125 ml **Haferdrink,** 2 EL **zarten Haferflocken**, 2 TL **Zitronensaft** und 1 TL **Chia-Samen** in einen Mixbecher geben und mit dem Stabmixer fein pürieren. Nach Belieben noch 3–4 **Minzeblättchen** untermixen. Den Shake in ein Glas füllen und genießen.

COUSCOUS-WELLNESS-SALAT

Garantiert mit Wohlfühlfaktor

FÜR 2 PORTIONEN

100 g Instant-Couscous
½ TL Currypulver
Salz
125 g Kirschtomaten
1 rote Zwiebel
1 Nektarine
1 kleines Bund Minze
2 EL Kürbiskerne
1 EL Zitronensaft
1 EL Leinöl
1 TL Honig
Pfeffer
4 Taler Ziegenfrischkäse
(à 20 g)

Zubereitungszeit: 20 Min.
Pro Portion ca. 455 kcal
16 g E, 22 g F, 49 g KH

1 Den Couscous in einer kleinen Schüssel mit Currypulver und etwas Salz mischen. Dann mit 150 ml kochend heißem Wasser übergießen und zugedeckt 10 Min. quellen lassen.

2 Inzwischen Tomaten waschen und halbieren. Zwiebel schälen, halbieren und in feine Streifen schneiden. Die Nektarine waschen, vierteln und entsteinen. Die Viertel quer in dünne Scheiben schneiden. Die Minze abbrausen und trocken schütteln, die Blättchen abzupfen. Kürbiskerne in einer Pfanne anrösten, bis sie zu knacken beginnen, dann aus der Pfanne nehmen.

3 Tomaten, Zwiebel, Nektarine, Minze und Kürbiskerne in einer Schüssel mit Zitronensaft, Leinöl und Honig mischen. Salzen und pfeffern.

4 Den Couscous auflockern und auf Schalen oder tiefe Teller verteilen. Übrige vorbereitete Zutaten samt dem Dressing darauf anrichten. Je 2 Ziegenkäsetaler darauflegen, fertig.

TIPP:
Ebenfalls lecker, dauert aber länger: statt Instant-Couscous auch mal Grünkernschrot, Buchweizen-Bulgur oder Quinoa garen (die Zubereitung auf der Packungsanweisung nachlesen) und den Salat damit anrichten.

AVOCADO-MANDARINEN-BOWL

Cooler Stresskiller

FÜR 2 PORTIONEN

100 g Hirse
Salz
2 Mandarinen
1 Avocado (Sorte Hass)
50 g Baby-Blattspinat
200 g Skyr
1 EL Limettensaft
1 EL Leinöl
1 TL Honig
1 TL gemahlene Kurkuma
Pfeffer
50 g Mandeln

Zubereitungszeit: 35 Min.
Pro Portion ca. 700 kcal
24 g E, 44 g F, 52 g KH

1 Die Hirse in einem Sieb mit heißem Wasser abbrausen. Dann in einem Topf mit 200 ml leicht gesalzenem Wasser zum Kochen bringen und zugedeckt bei kleiner Hitze ca. 15 Min. kochen. Die Herdplatte ausschalten und die Hirse noch 10 Min. quellen lassen, bis sie gar ist.

2 Inzwischen die Mandarinen schälen und in einzelne Segmente teilen. Die Avocado längs halbieren und entkernen. Das Fruchtfleisch mit einem Esslöffel aus der Schale lösen und die Hälften quer in Scheiben schneiden. Den Spinat waschen und trocken schleudern.

3 Für den Dip Skyr mit Limettensaft, Leinöl, Honig und Kurkuma verrühren. Mit Salz und Pfeffer abschmecken.

4 Die Hirse auflockern und in Schalen häufen. Mandarinen, Avocado, Spinat, Mandeln und den Dip darauf anrichten und die Bowls servieren.

TIPP:
Unbedingt probieren: statt der Hirse die Bowl mit Quinoa, Amaranth oder – ganz schnell – mit Instant-Couscous anrichten. Zubereitung und Garzeiten: siehe Packungsanweisung.

RADIESCHEN-BIRNEN-SALAT

Glänzt mit Brain-Boostern

FÜR 2 PORTIONEN

1 Dose Kidneybohnen (125 g Abtropfgewicht)
½ Bund Radieschen
1 Birne
60 g Bergkäse (am Stück)
1 Bund Minze
50 g Walnusskerne
1½ EL Aceto balsamico bianco
2 TL Honigsenf
1½ EL Rapsöl
Salz | Pfeffer

Zubereitungszeit: 15 Min.
Pro Portion ca. 470 kcal
18 g E, 33 g F, 24 g KH

1 Kidneybohnen in einem Sieb kalt abbrausen und abtropfen lassen. Die Radieschen waschen, putzen und in dünne Scheiben schneiden. Die Birne waschen, vierteln und entkernen. Birnenviertel quer ebenfalls in Scheiben schneiden. Den Käse entrinden und klein würfeln. Die Minze abbrausen und trocken schütteln, die Blättchen abzupfen. Die Walnusskerne in grobe Stücke brechen. Alles in einer Schüssel mischen.

2 Für das Dressing den Essig mit Senf und Öl verrühren, mit Salz und Pfeffer würzen. Dressing in die Schüssel geben und mit den Salatzutaten mischen. Den Salat auf Schalen oder tiefe Teller verteilen und genießen. Dazu passt Vollkornbrot.

TIPP:
Für einen Salat to go Birnenscheiben noch mit etwas Zitronensaft beträufeln. Dressing auf Bügelgläser (à 1 200 ml) verteilen. Dann Bohnen, Birne, Radieschen, Käse, Nüsse und Minze in die Gläser schichten, verschließen. Bis zum Verzehr das Kaltstellen des Salats nicht vergessen. Dafür eventuell einen Kühl-Akku mit einem Geschirrtuch umwickeln und in der Tasche unter das Glas legen. Vor dem Essen den Salat im Glas gut durchmischen.

SPINAT-RÖSTBROT-SALAT

Reich an stressmindernden Stoffen

FÜR 2 PORTIONEN

2 Eier (M)
150 g Baby-Blattspinat
1 Avocado (Sorte Hass)
1 Handvoll Heidelbeeren
1½ Aceto balsamico bianco
2 TL Honigsenf
1 EL Rapsöl
Salz | Pfeffer
1 Sesambrötchen
4 EL Öl (zum Braten)
2 EL Kürbiskerne

Zubereitungszeit: 25 Min.
Pro Portion ca. 660 kcal
16 g E, 55 g F, 24 g KH

1 Die Eier in kochendem Wasser in 6½ Min. wachsweich kochen. Dann die Eier kalt abschrecken, schälen und in Spalten schneiden.

2 Inzwischen den Spinat waschen und trocken schleudern. Die Avocado längs halbieren und entkernen. Das Fruchtfleisch mit einem Esslöffel aus der Schale lösen und die Hälften in grobe Würfel schneiden. Die Heidelbeeren waschen und trocken tupfen.

3 In einer großen Schüssel für das Dressing den Essig mit Senf und Rapsöl verrühren, mit Salz und Pfeffer würzen.

4 Das Brötchen in dünne Scheiben schneiden. Das Öl zum Braten in einer Pfanne erhitzen. Die Brotscheiben darin von beiden Seiten goldbraun rösten. Die Kürbiskerne dazugeben und kurz mitrösten. Beides auf Küchenpapier entfetten.

5 Spinat, Avocado, Heidelbeeren, Röstbrot und Kürbiskerne in die Schüssel geben und mit dem Dressing vermischen. Den Salat auf Teller oder Schalen verteilen, die Eier darauf anrichten.

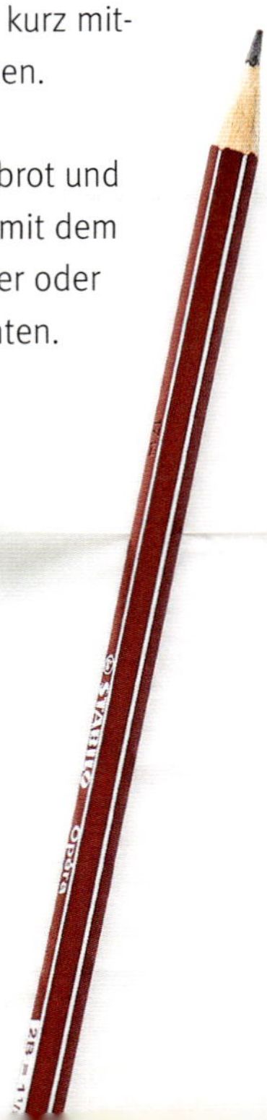

ENDLICH WOCHENENDE!

ENTSPANNT IN DEN TAG BRUNCHEN

DIE SCHNELLEN 4 FÜRS BREAKFAST WITH BENEFITS

HONIGSENF

Vereint das Beste aus zwei Geschmackswelten | optimal zum Pimpen von belegten Broten | einfach genial in Salatdressings | kann durch andere süße Senfsorten ersetzt werden, z. B. Feigen- oder Weißwurstsenf | rundet **Eiersalat mit Garnelen** (Seite 99) perfekt ab | süßlich-scharfer Kontrapunkt zu Ziegenfrischkäse auf **Crostini mit Schinken und Erdbeeren** (Seite 103) | viel besser als Hotdog-Sauce in **Überbackenen Hotdogs** (Seite 124) | Tipp: für ein schnelles **Honig-Senf-Dressing** ohne Honigsenf 1 Knoblauchzehe schälen und grob hacken. Mit 2 EL Weißweinessig, 2 EL Öl, 1 EL scharfem Senf, 1 EL Honig und ½ TL Salz fein pürieren. Mit Salz und Pfeffer würzen.

KRÄUTER- & KNOBLAUCHBUTTER

Win-Win-Situation: kombinieren feines Butteraroma mit der Würze von Kräutern oder Knoblauch | Superpraktisch: machen keine Arbeit und ersparen den Kauf weiterer Zutaten | Knoblauchbutter verleiht **Spanischem Rührei** (Seite 98) ordentlich Finesse | bei **Eggs Amsterdam** (Seite 98) schmilzt Spinat in ihr förmlich dahin | **Gratinierte Gnocchi** (Seite 66) und **Smashed Potatoes** (Seite 104) schätzen das Aroma von Kräuterbutter | Tipp: **Crostini mit Tomaten und Basilikum** (Seite 102) vor dem Belegen statt mit dem Knoblauchöl mit Knoblauchbutter bestreichen.

PESTO

Garantiert rund ums Jahr frisches Grün mit reichlich Aroma auf dem Teller | geschmackvoller sind die Sorten aus dem Kühlregal, alle anderen halten dafür länger | Klassiker ist das Pesto alla genovese aus Basilikum | würziger sind Rucolapesto und Bärlauchpesto mit Knoblaucharoma | leicht scharf und cremig: Pesto alla calabrese | grünes Pesto nach Wahl verleiht den **Antipasti-Eier-Toasts** (Seite 99) einen kleinen Kräuter-Kick | ist dominanter Geschmacksträger bei **Salatschiffchen mit Brotsalat** (S. 100) | das Pesto calabrese treibt sich viel lieber auf Partys rum, etwa in Form von leckeren **Calabrese-Pinwheels** (Seite 125) | Tipp: Pesto rosso aus getrockneten Tomaten passt super zu **Smashed Potatoes** (Seite 104).

EIER

Echte Kraftpakete | reich an wertvollem Eiweiß | zusätzlich vollgepackt mit fettlöslichen Vitaminen | ausschießlich Bio-Eier oder Eier aus Freilandhaltung kaufen | sehr vielseitig verwendbar | eiweißreiches Frühstück hält lange satt, daher auch im Alltag perfekt | zeigen die ganze Bandbreite ihres Frühstückskönnens auf den Seiten 98 / 99: ein echter Klassiker als **Eiersalat mit Garnelen,** als **Spanisches Rührei** ein geniales Update, super-trendy als **Eggs Amsterdam** und absolut unwiderstehlich als fixe **Antipasti-Eier-Toasts** aus Toastbrot | Tipp: Spiegeleier am besten bei mittlerer Hitze in Butter braten. Besonders toll sehen sie aus, wenn man zuerst Paprikaringe in der Pfanne röstet, dann die Eier hineingleiten lässt und zu Spiegeleiern brät.

JOGHURT-PANCAKES MIT BEEREN

Einfach Pan-tastisch

FÜR 4 PORTIONEN

150 g Mehl
2 TL Backpulver
½ TL Zimtpulver
3 Eier (M)
1 Prise Salz
3 EL Zucker
250 g griechischer Joghurt (10 % Fett)
6 EL Öl
125 g Beeren (z. B. Himbeeren und Heidelbeeren)
2 EL Ahornsirup
2 EL Erdbeersauce (aus dem Glas)

Zubereitungszeit: 30 Min.
Pro Portion ca. 475 kcal
12 g E, 26 g F, 49 g KH

1 Den Backofen auf 60° vorheizen. Das Mehl mit Backpulver und Zimt mischen. Die Eier mit dem Salz in einer Rührschüssel mit den Rührbesen des Handrührgeräts schaumig schlagen. Nun den Zucker unterschlagen, bis die Masse cremig ist. Dann abwechselnd portionsweise Mehl-Mix, Joghurt und 2 EL Öl unterrühren.

2 Aus dem Teig nach und nach Pancakes backen: 1 EL Öl in einer beschichteten Pfanne erhitzen. Ein Viertel des Teigs in 6 Häufchen mit ausreichend Abstand in die Pfanne geben und bei mittlerer Hitze in 4 Min. goldbraun backen, dabei einmal wenden. Kurz auf Küchenpapier entfetten, dann im Ofen warm halten. Übrige Pancakes genauso backen.

3 Die Beeren waschen und trocken tupfen. Die Pancakes leicht überlappend auf eine Servierplatte legen, mit Ahornsirup und Erdbeersauce beträufeln und mit den Beeren bestreuen.

TIPP:
Man muss nicht unbedingt alle Pancakes auf einen Schwung backen. Wer mag, kann erst einmal ein paar zubereiten und diese genüsslich verspeisen, bevor dann der nächste Schwung in die Pfanne kommt.

4 × FABELHAFTES FRÜHSTÜCKSEI …

SPANISCHES RÜHREI

FÜR 4 PORTIONEN

Pro Portion ca. 400 kcal, 20 g E, 34 g F, 4 g KH

80 g **Chorizo** (in Scheiben) in dünne Streifen schneiden. 1 **Zwiebel** schälen und fein würfeln, 250 g **Kirschtomaten** waschen. 100 g **Oliven** (ohne Stein) halbieren. 2 EL **Olivenöl** in einer Pfanne erhitzen, die Tomaten darin 2 Min. anbraten. Chorizo, Zwiebel und Oliven kurz mitbraten, dann 50 g **Knoblauchbutter** in der Pfanne schmelzen. 8 **Eier** (M) verquirlen und in die Pfanne geben. Kurz warten, dann die Eiermasse mit einem Pfannenwender einige Male durch die Pfanne schieben, bis das Ei gerade gestockt ist. Mit **Salz** und **Pfeffer** würzen.

EGGS AMSTERDAM

FÜR 6 PORTIONEN

Pro Portion ca. 550 kcal, 23 g E, 39 g F, 28 g KH

In einen Topf 2–3 cm hoch Wasser füllen und zum Sieden bringen. 6 Silikonmuffinformen **einölen** und je 1 **Ei** (M) hineingleiten lassen. Die Formen ins Wasser setzen. Topf zudecken, die Eier 6 Min. dämpfen. 200 g **Baby-Blattspinat** waschen und trocken schleudern. 1 EL **Knoblauchbutter** in einem zweiten Topf schmelzen, darin Spinat zusammenfallen lassen, **salzen**, **pfeffern** und vom Herd nehmen. 250 ml **Sauce Hollandaise** (Fertigprodukt) in der Mikrowelle erhitzen. 6 Scheiben **Weißbrot** toasten, auf Teller verteilen, dünn mit 2 EL **Knoblauchbutter** bestreichen und mit 200 g **Räucherlachs** (in Scheiben) und dem Spinat belegen. Formen aus dem Wasser nehmen, die Eier herauslösen und in den Spinat setzen. Alles mit Hollandaise übergießen, pfeffern und servieren. Nach Belieben noch etwas **Gartenkresse** darüberstreuen.

... das – von klassisch-deftig bis raffiniert-mediterran – beim Wochenendbrunch für das erste kulinarische Highlight des Tages sorgt.

ANTIPASTI-EIER-TOASTS

FÜR 4 PORTIONEN

Pro Portion ca. 295 kcal, 17 g E, 15 g F, 22 g KH

Backofen auf 200° vorheizen. 8 Scheiben **Toastbrot** auf ein Blech mit Backpapier legen, in der Mitte kräftig flach drücken (z. B. mit dem Boden eines Kaffeebechers) und mit je 1 TL **grünem Pesto** (z. B. Bärlauch, Basilikum oder Rucola) bestreichen. 50 g **geräucherten Schinken** (4 Scheiben) grob zerpflücken und in die Vertiefungen der Toasts legen. 200 g **Antipasti** (aus dem Kühlregal, z. B. eingelegte Auberginen, getrocknete Tomaten, Pilze, Oliven, Peperoncini) abtropfen lassen, klein schneiden und auf den Schinken legen. 80 g **Bergkäse** (am Stück) reiben und auf dem Brotrand verteilen. 2 **Eier** (M) verquirlen, **salzen, pfeffern** und mittig auf die belegten Toasts träufeln. Im Ofen (Mitte) 10 Min. backen, bis die Toasts knusprig sind und das Ei gestockt ist. Herausnehmen, kurz abkühlen lassen und noch warm genießen.

EIERSALAT MIT GARNELEN

FÜR 4 PORTIONEN

Pro Portion ca. 115 kcal, 9 g E, 7 g F, 4 g KH

2 **Eier** (M) in ausreichend Wasser in ca. 10 Min. hart kochen, dann kalt abschrecken, schälen und grob würfeln. Inzwischen 1 Bund **Schnittlauch** abbrausen, trocken schütteln und in feine Röllchen schneiden. 3 **Radieschen** waschen, putzen und klein würfeln. 100 g **Garnelen** (gegart, aus dem Kühlregal) in einem Sieb kalt abbrausen und abtropfen lassen. Alle Zutaten mit 3 EL **leichter Salatcreme,** 4 TL **Honigsenf** und 2 TL **Zitronensaft** verrühren. Den Eiersalat mit **Salz** und **Pfeffer** abschmecken.

SALATSCHIFFCHEN MIT BROTSALAT

Würziges zum Wegknuspern

FÜR 4 PORTIONEN

250 g Kirschtomaten
1 gelbe Paprika
4 Frühlingszwiebeln
3 EL grünes Pesto (z. B. Bärlauch-, Rucola- oder Basilikumpesto, aus dem Kühlregal)
2 EL Weißweinessig
2 EL Olivenöl
1 EL Honig
Salz | Pfeffer
100 g Weißbrot
2 Römersalatherzen

Zubereitungszeit: 25 Min.
Pro Portion ca. 175 kcal
5 g E, 9 g F, 18 g KH

1 Den Backofen auf 200° vorheizen. Ein Backblech mit Backpapier auslegen. Die Tomaten waschen und halbieren. Die Paprika waschen, halbieren, weiße Trennwände und Kerne entfernen. Die Hälften klein würfeln. Die Frühlingszwiebeln waschen, putzen und in feine Ringe schneiden. Alles mit Pesto, Essig, Olivenöl und Honig vermischen. Mit Salz und Pfeffer würzen.

2 Weißbrot in ca. 1 cm große Würfel schneiden und auf dem Blech verteilen. Im Ofen (Mitte) in 6 Min. goldbraun und knusprig backen.

3 Von den Salatherzen 16 schöne große Blätter ablösen, waschen und trocken schleudern oder tupfen (übrigen Salat anderweitig verwenden!). Das Brot aus dem Ofen nehmen.

4 Die Salatblätter auf einer Servierplatte oder zwei großen Tellern anrichten. Die knusprigen Brotwürfel auf den Salatblättern verteilen und je 2 EL der Gemüsemischung daraufgeben. Die Salatschiffchen aus der Hand genießen.

TIPP:
Hält sich der Hunger in Grenzen, reichen die Salatschiffchen auch für 8 Leute.

4 × AROMATISCHE CROSTINI ...

CROSTINI MIT TOMATEN UND BASILIKUM

FÜR 4 PORTIONEN

Pro Portion ca. 130 kcal, 2 g E, 7 g F, 13 g KH

Den Backofen auf 200° vorheizen. Ein Backblech mit Backpapier auslegen. 1 kleine **rote Zwiebel** schälen, fein würfeln. Mit 2 ½ EL **Aceto balsamico** und 2 TL **Honig** mischen, **salzen, pfeffern** und 10 Min. ziehen lassen. 1 **Knoblauchzehe** schälen, durchpressen, mit 2 ½ EL **Olivenöl** verrühren. ½ **Ciabattabrot** (15 cm) in 8 Scheiben schneiden, aufs Blech legen und mit dem Knoblauchöl bepinseln. Im Ofen (Mitte) in 6–7 Min. knusprig backen. 250 g **Kirschtomaten** waschen und halbieren. 1 kleines Bund **Basilikum** abbrausen, trocken schütteln und die Blättchen abzupfen. Die Tomaten und das Basilikum mit den marinierten Zwiebeln mischen und den Belag auf den Brotscheiben verteilen.

CROSTINI MIT ERBSENCREME UND MINZE

FÜR 4 PORTIONEN

Pro Portion ca. 175 kcal, 7 g E, 8 g F, 20 g KH

Den Backofen auf 200° vorheizen. Ein Backblech mit Backpapier auslegen. Im Topf wenig Wasser aufkochen, salzen. 300 g gefrorene **TK-Erbsen** darin zum Kochen bringen und zugedeckt bei mittlerer Hitze in ca. 6 Min. gar kochen. Dann in ein Sieb abgießen, kalt abschrecken, abtropfen lassen, in eine Schüssel geben. Erbsen mit den Händen etwas zerdrücken. 2 **Knoblauchzehen** schälen und dazupressen. 1 kleines Bund **Minze** abbrausen und trocken schütteln, die Blättchen abzupfen und fein hacken. Mit 2 EL **Zitronensaft,** 2 EL **Olivenöl** und 2 EL **leichter Salatcreme** unter die Erbsenmasse rühren. Mit **Salz** und **Pfeffer** würzen. ½ **Ciabattabrot** (15 cm) in 8 Scheiben schneiden, aufs Blech legen und im Ofen (Mitte) in 6–7 Min. knusprig backen. Dann mit der Erbsencreme bestreichen. Nach Belieben noch etwas **Parmesan** darüberhobeln.

..., die – wie der italienische Name verspricht – extraknusprig auf dem Tisch landen. Und dann heißt es: schnell zugreifen! Denn diese kleinen Lieblinge will jeder am liebsten ganz für sich haben.

CROSTINI MIT NÜSSEN UND GORGONZOLA

FÜR 4 PORTIONEN
Pro Portion ca. 340 kcal, 13 g E, 25 g F, 15 g KH

Backofen auf 200° vorheizen. Ein Backblech mit Backpapier auslegen. ½ **Ciabattabrot** (15 cm) in 8 Scheiben schneiden und aufs Blech legen. Daneben 60 g **gehobelte Haselnusskerne** streuen. Beides im Ofen (Mitte) 6–7 Min. backen, bis die Brotscheiben knusprig und die Nussblättchen goldbraun sind. Blech herausnehmen und die Nüsse in eine Schüssel geben. 200 g **milden Gorgonzola** in dünne Scheiben schneiden und auf das Brot legen. Blech zurück in den Ofen schieben und die Crostini 3–4 Min. überbacken, bis der Käse leicht geschmolzen ist. Inzwischen 3 EL **Honig** erwärmen und die Nüsse damit vermischen. Fertige Crostini mit den Honignüssen garnieren.

CROSTINI MIT SCHINKEN UND ERDBEEREN

FÜR 4 PORTIONEN
Pro Portion ca. 260 kcal, 13 g E, 16 g F, 15 g KH

Backofen auf 200° vorheizen. Ein Backblech mit Backpapier auslegen. ½ **Ciabattabrot** (15 cm) in 8 Scheiben schneiden, aufs Blech legen und im Ofen (Mitte) in 6–7 Min. knusprig backen. 250 g **Erdbeeren** waschen, entkelchen und in Scheiben schneiden. Mit 1 EL **Aceto balsamico,** 2 TL **Olivenöl** und 1 TL **Zucker** mischen, mit **Salz** und **Pfeffer** würzen. 100 g **luftgetrockneten rohen Schinken** (8 Scheiben) in Stücke zupfen. Die Brotscheiben aus dem Ofen nehmen und zunächst mit 150 g **Ziegenfrischkäse** (ersatzweise herkömmlicher Frischkäse), dann mit 4 TL **Honigsenf** bestreichen. Mit dem Schinken belegen und die Erdbeeren darauf anrichten.

SMASHED POTATOES

Partyhit aus den USA

FÜR 4 PORTIONEN

8 vorwiegend festkochende Kartoffeln (à ca. 80 g)
Salz
80 g Kräuterbutter
1 Knoblauchzehe
60 g geriebener Parmesan
1 TL edelsüßes Paprikapulver
Pfeffer
2 EL Olivenöl
1 Stängel Petersilie

Zubereitungszeit: 15 Min.
+ 40 Min. Kochen und Backen
Pro Portion ca. 295 kcal
8 g E, 22 g F, 16 g KH

1 Die Kartoffeln waschen und in einem Topf knapp mit Wasser bedecken, salzen. Aufkochen und mit schräg aufgelegtem Deckel bei kleiner Hitze in ca. 25 Min. gar kochen.

2 In einem kleinen Topf die Kräuterbutter schmelzen. Den Knoblauch schälen und dazupressen. Den Parmesan (bis auf 2 EL) und das Paprikapulver unter die Butter rühren. Mit Salz und Pfeffer würzen.

3 Den Backofen auf 200° vorheizen. Ein Backblech mit Backpapier auslegen und gleichmäßig mit dem Olivenöl beträufeln.

4 Die Kartoffeln abgießen, kurz ausdampfen lassen und auf das Blech legen. Die Kartoffeln nacheinander mithilfe einer Untertasse flach drücken (oder, falls vorhanden, einen Kartoffelstampfer verwenden). Die Smashed Potatoes mit der Parmesanbutter beträufeln und im Ofen (Mitte) in ca. 15 Min. goldbraun backen.

5 Die Petersilie waschen, trocken schütteln und samt Stängel fein hacken. Das Blech aus dem Ofen nehmen. Die Kartoffeln mit Petersilie und restlichem Parmesan (2 EL) bestreuen und servieren. Die Smashed Potatoes schmecken besonders gut mit leckeren Dips wie etwa einem Sour-Cream-Dip, Guacamole oder Pesto rosso.

BLÄTTERTEIGTARTE MIT FALAFEL

Geniales Mash-Up

FÜR 4 PORTIONEN

150 g Zucchini
3 Frühlingszwiebeln
8 grüne Oliven (ohne Stein)
200 g Falafel (Kichererbsenbällchen, aus dem Kühlregal, 12 Stück)
1 Pck. frischer Blätterteig (aus dem Kühlregal, 25 × 38 cm, 275 g)
200 g pikanter Hummus (aus dem Kühlregal)
Pfeffer
2 EL Olivenöl

Zubereitungszeit: 15 Min.
+ 25 Min. Backen
Pro Portion ca. 600 kcal
13 g E, 42 g F, 41 g KH

1 Den Backofen auf 200° vorheizen. Ein Backblech mit Backpapier auslegen. Die Zucchini waschen, putzen und mit dem Küchenhobel in feine Scheiben hobeln (alternativ mit einem Messer in dünne Scheiben schneiden). Die Frühlingszwiebeln waschen, putzen und in dünne Ringe schneiden. Die Oliven ebenfalls in Ringe schneiden. Die Falafel halbieren.

2 Den Blätterteig ausrollen und auf das Backblech legen. Den Teig immer wieder dicht nebeneinander mit einer Gabel einstechen.

3 Den Teig gleichmäßig mit dem Hummus bestreichen, dann mit den Zucchini, Frühlingszwiebeln, Oliven und Falafelhälften (mit der Schnittfläche nach unten) belegen. Alles mit Pfeffer würzen und dem Olivenöl beträufeln. Im Ofen (Mitte) ca. 25 Min. backen, bis der Blätterteig gut gebräunt und knusprig ist.

4 Das Blech aus dem Ofen nehmen. Die Tarte in Stücke schneiden, kurz abkühlen lassen und noch warm servieren. Oder auch die Tarte völlig auskühlen lassen und kalt genießen.

BANANENBROT

Für den süßen Zahn

FÜR 1 KASTENFORM
(30 × 11 CM, CA. 16 SCHEIBEN)

3 vollreife Bananen (geschält sollten sie ca. 250 g Fruchtfleisch ergeben)
75 g Mascarpone
100 g Zucker
1 Ei (M)
1 Prise Salz
180 g Mehl
2 TL Backpulver
50 g Walnusskerne
50 g getrocknete Cranberrys
Fett und Mehl für die Form

Zubereitungszeit: 15 Min.
+ 50 Min. Backen
Pro Scheibe ca. 140 kcal
3 g E, 5 g F, 21 g KH

1 Den Backofen auf 180° vorheizen. Die Kastenform gut einfetten und mit Mehl ausstreuen. Die Bananen schälen und mit einer Gabel fein zerdrücken oder mit dem Stabmixer fein pürieren.

2 Das Bananenpüree mit Mascarpone, Zucker, Ei und Salz verrühren. Das Mehl und das Backpulver mischen und unter die Bananencreme rühren. Die Walnüsse in grobe Stücke brechen und mit den Cranberrys unter den Teig heben.

3 Teig in die Form füllen und glatt streichen. Im Ofen (Mitte) ca. 50 Min. backen, bis das Brot goldbraun und durchgebacken ist.

4 Die Kastenform aus dem Ofen nehmen und kurz abkühlen lassen. Dann das Brot aus der Form lösen und auf einem Kuchengitter ganz auskühlen lassen.

5 Das Bananenbrot in Scheiben schneiden und pur, mit Butter oder einem Aufstrich wie Honig, Marmelade oder Nuss-Nougat-Creme genießen.

NUSSECKEN-BROWNIES

Kleine Glücksbringer

FÜR 1 SPRINGFORM
(28 CM Ø, 32 STÜCK)

200 g dunkle Blockschokolade
100 g Butter
Salz
50 g Mehl
100 g gemahlene Haselnusskerne
2 TL Backpulver
60 g Zucker
200 g Apfelmus
2 Eier (M)
100 g Walnusskerne
100 g feine Aprikosenkonfitüre

Zubereitungszeit: 20 Min.
+ 30 Min. Backen
Pro Stück ca. 130 kcal
2 g E, 9 g F, 11 g KH

1 Den Backofen auf 160° vorheizen. Die Springform mit Backpapier auskleiden. Die Schokolade grob hacken und mit der Butter und 1 Prise Salz in einem Topf bei kleiner Hitze schmelzen.

2 Mehl, Haselnüsse und Backpulver in einer Schüssel mischen. Den Topf vom Herd nehmen, die Mehl-Nuss-Mischung, 50 g Zucker, Apfelmus und die Eier unter die Schokomischung rühren.

3 Den Teig in die Springform füllen und glatt streichen. Den Teig mit übrigem Zucker (1 EL) bestreuen und leicht salzen. Walnüsse in grobe Stücke brechen und auf den Teig streuen, leicht eindrücken. Im Ofen (Mitte) 30 Min. backen.

4 Die Form aus dem Ofen nehmen. Aprikosenkonfitüre in einem Topf 2 Min. köcheln lassen, dann mit einem Löffel auf den Schokokuchen träufeln. Den Kuchen etwas abkühlen lassen, anschließend in acht Tortenstücke schneiden und jedes Stück in vier etwa gleich große Dreiecke teilen. Und schon sind die schokoladigen Nussecken-Brownies servierbereit.

TIPP:
Diese Brownies schmecken auch vegan. Dafür die Butter durch Margarine und die Eier durch 1 EL Sonnenblumenkernmus ersetzen. Dann werden die Stücke aber etwas bröseliger.

Münchner Bier
SEIT 1857
MÜNCHNER REINHEITSGEBOT
Sanbitter

SATURDAY NIGHT

LÄSSIG FEIERN MIT GÄSTEN

DIE SCHNELLEN 4 FÜRS GEPFLEGTE PARTYMACHEN

FERTIGTEIGE & FLADENBROTE

Ideal für extrafaule Köche | frischer Blätterteig aus dem Kühlregal schmeckt besser als tiefgefrorener | türkisches Fladenbrot, Pita & Co. sind – kurz aufgebacken – wie frisch vom Bäcker | vielfältig verwendbar | überrascht alle Partygäste: Flammkuchenteig belegt mit **BBQ-Thunfisch** (Seite 124) | Blätterteig überzeugt gerollt in Form von **Calabrese-Pinwheels** (Seite 125) | in Bestform als **Blätterteigtarte mit Falafel** (Seite 106) | türkisches Fladenbrot knusprig gebacken mit Ajvar-Aioli-Mix und belegt mit Schinken wird zum **Party-Fingerfood** (Seite 125) | Pita-Brot durchlebt mit **Tomatenhummus** eine leckere Metamorphose zu würzigen **Pita-Chips** (Seite 126).

REIBEKÄSE

Die Komfort-Variante, wenn Selberreiben zu anstrengend ist | verschiedene Sorten von mild bis leicht würzig erhältlich | wer es kräftiger mag, muss zur Reibe greifen | bequem portionsweise entnehm- und wiederverschließbar | herrlich schmelzende Ergänzung zu feinwürzigem Pesto in **Calabrese-Pinwheels** (Seite 125) | **Hotdogs** (Seite 124) lassen sich neuerdings sehr gerne damit überbacken | auch mit Nudeln optimal verpartnert in der **Käse-Pasta** (Seite 20) und der **Auberginen-Lasagne** (Seite 68).

GEWÜRZMISCHUNGEN

Machen das Würz-Leben leichter | die Auswahl wird immer bunter | vielseitig verwendbar: Pizzagewürz für die Italo-Note | Gyrosgewürz tunt nicht nur mediterrane Fleischgerichte | indisches Garam Masala verleiht Speisen ein verlockendes Aroma | Pizzagewürz passt überraschend gut zu **Paprika-Süßkartoffel-Suppe** (Seite 116) | würzt auch **Flammkuchen mit BBQ-Thunfisch** (Seite 124) ganz einfach | Gyrosgewürz macht aus blasser Pita mithilfe eines kurzen Aufenthalts im Ofen köstliche knusprige **Pita-Chips mit Tomatenhummus** (Seite 126) | Garam Masala darf auf Partys gleich zweimal glänzen: 1. Indem es der unendlichen Geschichte der **Käse-Lauch-Suppe** (Seite 118) eine neue Wendung gibt. 2. Weil mit dieser Würzmischung **Gerösteter Blumenkohlsalat** (Seite 122) zu einem bollywoodwürdigen Geschmacksfeuerwerk wird.

COCKTAIL-BASICS

Für ausreichend Eiswürfel sollte immer Platz im TK-Fach sein | das Shaken mit Eis kühlt die kohlensäurefreien Zutaten runter und verleiht den Drinks Spritzigkeit | Shaker aus Edelstahl gibt es recht günstig | ein kleines Sieb hilft, Cocktails sauber aus dem Shaker ins Glas abzugießen | ein Doppelmessbecher (4cl / 2cl) erleichtert das Dosieren | auch zur Grundausstattung gehören Zitronen und Limetten in Bio-Qualität, die in zahlreichen Cocktails und Longdrinks willkommen sind | experimentiert bei Gin & Tonic ruhig ein wenig mit Kräutern und Gewürzen | echt lecker sind etwa Ingwer, rosa Pfefferbeeren oder Zitronenmelisse.

PAPRIKA-SÜSSKARTOFFEL-SUPPE

Raffiniert gewürzt

FÜR 6 PORTIONEN

800 g Süßkartoffeln
2 Zwiebeln
2 rote Paprikas
2 EL Öl
800 ml Gemüsebrühe
2 TL Pizzagewürz
1 TL gemahlener Kreuzkümmel
200 g Sahne
3 EL Aceto balsamico bianco
Salz | Pfeffer
2 Prisen Cayennepfeffer
(nach Belieben)
4 EL Walnusskerne
4 EL Granatapfelkerne (aus der Frischetheke)

Zubereitungszeit: 30 Min.
Pro Portion ca. 330 kcal
5 g E, 19 g F, 32 g KH

1 Die Süßkartoffeln und die Zwiebeln schälen. Die Paprikas waschen, halbieren, weiße Trennwände und Kerne entfernen. Alles klein würfeln.

2 Das Öl in einem großen Topf erhitzen. Darin das Gemüse bei mittlerer Hitze 3 Min. andünsten, ohne es zu bräunen. Brühe und Gewürze hinzufügen. Alles zum Kochen bringen und zugedeckt bei mittlerer Hitze 10 Min. köcheln lassen.

3 Den Topf vom Herd nehmen. Sahne und Essig dazugeben und die Suppe mit dem Stabmixer fein pürieren. Mit Salz, Pfeffer und nach Belieben Cayennepfeffer leicht scharf abschmecken.

4 Die Suppe auf Suppenschalen verteilen. Die Walnüsse in grobe Stücke brechen und mit den Granatapfelkernen über die Suppe streuen.

LAUCH-KÄSE-SUPPE »MASALA«

Klassiker mit Indien-Touch

FÜR 6 PORTIONEN

800 g Lauch
200 g Möhren
100 g getrocknete Tomaten
2 EL Öl
400 g gemischtes Hackfleisch
(halb und halb)
Salz | Pfeffer
2 EL Zucker
2 EL Weißweinessig
2 EL Gemüsebrühe (Instant)
1 EL Garam Masala
1 TL gemahlene Kurkuma
200 g Schmelzkäse
200 g Kräuterfrischkäse

Zubereitungszeit: 30 Min.
Pro Portion ca. 435 kcal
26 g E, 30 g F, 16 g KH

1 Von dem Lauch die Wurzelbüschel und alle welken Teile abschneiden. Den Lauch der Länge nach aufschlitzen und gründlich waschen, auch zwischen den Blattschichten. Den Lauch in dicke Ringe schneiden. Möhren schälen und in dünne Scheiben, die Tomaten in Streifen schneiden.

2 Das Öl in einem großen Topf erhitzen. Darin das Hackfleisch in 5 Min. bröselig braten. Mit Salz und Pfeffer würzen.

3 Die Möhren, den Lauch und den Zucker in den Topf geben und 3 Min. mitbraten. Dann die Tomaten, 1,6 l heißes Wasser, Essig, Brühe und Gewürze dazugeben. Alles aufkochen und zugedeckt bei mittlerer Hitze 10 Min. köcheln lassen.

4 Den Schmelzkäse und den Kräuterfrischkäse unter die Suppe rühren. Mit Salz und Pfeffer abschmecken und servieren.

TIPP:
Richtig sättigend wird die Lauch-Käse-Suppe mit 300–400 g frischen Tortelloni (aus dem Kühlregal). Die Nudeln in die fertige Suppe geben und darin bei kleiner Hitze in 4–5 Min. gar ziehen und heiß werden lassen.

13

MEDITERRANER NUDELSALAT

Blitzschnell vorbereitet

FÜR 8 PORTIONEN

500 g kurze Nudeln (z. B. Fusilli, Penne lisce oder Casarecce)
Salz
1 Bund Frühlingszwiebeln
4 EL Olivenöl
6 EL Aceto balsamico bianco
4 TL Zucker
Pfeffer
1 kleiner Kopf Radicchio
2 Bund Basilikum
200 g getrocknete Tomaten (in Öl)
200 g Schafskäse (Feta)

Zubereitungszeit: 20 Min.
Pro Portion ca. 420 kcal
15 g E, 13 g F, 55 g KH

1 Die Nudeln nach Packungsanweisung in Salzwasser bissfest garen. Dann in ein Sieb abgießen, kalt abschrecken und abtropfen lassen.

2 Inzwischen die Frühlingszwiebeln waschen, putzen und in dünne Ringe schneiden. Mit Öl, Essig und Zucker in einer großen Salatschüssel mischen. Mit Salz und Pfeffer würzen.

3 Den Radicchio waschen und äußere welke Blätter entfernen. Salatkopf durch den Strunk halbieren oder vierteln, den Strunk keilförmig herausschneiden. Radicchio in feine Streifen schneiden. Basilikum abbrausen und trocken schütteln, die Blättchen abzupfen. Tomaten abtropfen lassen und in dünne Streifen schneiden. Den Feta in grobe Stücke bröckeln.

4 Nudeln, Radicchio, Basilikum, Tomaten und Feta in die Schüssel geben. Mit dem Dressing und den Frühlingszwiebeln vermischen. Den Salat mit Salz und Pfeffer abschmecken.

TIPP:
So schmeckt der mediterrane Nudelsalat ganz besonders lecker: 50 g Pinienkerne in einer Pfanne goldbraun anrösten und zum Schluss über den Salat streuen.

ISAR KINDL
BOTTLE-BOY

GERÖSTETER BLUMENKOHLSALAT

Überraschung aus dem Ofen

FÜR 6 PORTIONEN

1 kg TK-Blumenkohl
Salz
1 Dose Kichererbsen (265 g Abtropfgewicht)
4 EL Zitronensaft
6 EL Olivenöl
1 EL Honig
2 EL Sesam
1 EL Garam Masala
2 Knoblauchzehen
Salz | Pfeffer
150 g Baby-Blattspinat
80 g Granatapfelkerne (aus der Frischetheke)

Zubereitungszeit: 25 Min. + 20 Min. Rösten
Pro Portion ca. 225 kcal
7 g E, 13 g F, 18 g KH

1 Den Backofen auf 220° vorheizen. Ein Backblech mit Backpapier auslegen. Für den Kohl in einem großen Topf ausreichend Wasser aufkochen, salzen. Darin den Blumenkohl 4 Min. blanchieren, dann in ein Sieb abgießen, kalt abschrecken, abtropfen lassen. Anschließend den Kohl am besten noch mit der Salatschleuder trocken schleudern. Große Röschen halbieren. Die Kichererbsen in das Sieb geben, kalt abbrausen und abtropfen lassen.

2 In einer großen Schüssel für die Marinade Zitronensaft, 4 EL Olivenöl, Honig, Sesam und Garam Masala verrühren. Knoblauch schälen und dazupressen. Mit Salz und Pfeffer würzen.

3 Blumenkohl und Kichererbsen in die Schüssel geben und mit der Marinade vermischen, dann auf dem Blech verteilen. Im Ofen (Mitte) 20 Min. rösten, dabei nach 15 Min. einmal wenden.

4 Das Blech aus dem Ofen nehmen. Spinat waschen, trocken schleudern und auf einer Servierplatte auslegen. Darauf Blumenkohl und Kichererbsen verteilen. Alles mit dem übrigen Olivenöl (2 EL) beträufeln, salzen und pfeffern und mit den Granatapfelkernen bestreuen.

4 × KNUSPRIGES AUS DEM OFEN …

FLAMMKUCHEN MIT BBQ-THUNFISCH

FÜR 4 PORTIONEN
Pro Portion ca. 350 kcal, 15 g E, 16 g F, 35 g KH

Backofen auf 250° vorheizen. Ein Backblech mit Backpapier auslegen. 1 Pck. **frischen Flammkuchenteig** (aus dem Kühlregal, 260 g) ausrollen und auf das Blech legen. Den Teig mit 200 g **Schmand** bestreichen, **salzen, pfeffern** und mit 1 TL **Pizzagewürz** bestreuen. 1 **rote Zwiebel** schälen, fein würfeln und ebenfalls darüberstreuen. 1 Dose **Thunfisch** (im eigenen Saft, 140 g Abtropfgewicht) abtropfen lassen, dann mit 3 EL **Barbecuesauce** vermischen. Mit **Salz, Pfeffer** und 2 Prisen **Cayennepfeffer** würzen. Den BBQ-Thunfisch in kleinen Häufchen auf dem Teig verteilen. Den Flammkuchen nach Belieben noch mit 3 TL **Kapern** bestreuen. Im Ofen (Mitte) in ca. 13 Min. knusprig braun backen. In Stücke schneiden und servieren.

ÜBERBACKENE HOTDOGS

FÜR 4 PORTIONEN
Pro Portion ca. 860 kcal, 36 g E, 60 g F, 44 g KH

Backofen auf 200° vorheizen. 1 **rote Zwiebel** schälen, fein würfeln. Mit 1 EL **Weißweinessig,** 2 TL **Zucker,** 2 TL **Wasser** und etwas **Salz** in einem Topf zugedeckt in 5 Min. weich dünsten. Vom Herd nehmen, mit **Salz** und **Pfeffer** würzen. 4 **Hotdog-Brötchen** (ca. 250 g) längs tief ein-, aber nicht durchschneiden, und auseinanderklappen. Die Innenseiten mit 8 TL **Honigsenf** bestreichen. Auf den Unterseiten 4 EL **Barbecuesauce** verteilen und je 1 **Bockwurst** (120–200 g) darauflegen. Mit den gedünsteten Zwiebeln und 20 Scheiben **dänischem Gurkensalat** (aus dem Glas) belegen. Hotdogs in eine große Auflaufform (30 × 20 cm) legen und mit 80 g **Reibekäse** (z. B. Gouda) bestreuen, im Ofen (Mitte) 10 Min. überbacken. Herausnehmen und mit 2 EL **Röstzwiebeln** (Fertigprodukt) toppen.

…, an dem garantiert keiner vorbeigehen kann, ohne sich ein Stück zu stibitzen.

CALABRESE-PINWHEELS

FÜR 4 PORTIONEN

Pro Portion ca. 500 kcal, 12 g E, 37 g F, 30 g KH

Backofen auf 200° vorheizen. Ein Backblech mit Backpapier auslegen. 1 Pck. **frischen Blätterteig** (aus dem Kühlregal, ca. 275 g) ausrollen, mehrmals dicht nebeneinander mit einer Gabel einstechen. 1 Glas **Pesto calabrese** (ca. 200 g) auf dem Teig verstreichen, dabei rundherum einen 1 cm breiten Rand frei lassen. 1 **Zwiebel** schälen, fein würfeln und mit 80 g **Reibekäse** (z. B. Gouda) auf den Teig streuen. Diesen von der Längsseite her aufrollen und in 16 Scheiben schneiden. Die Pinwheels auf das Blech legen und mit 3 TL **Sesam** bestreuen. Im Ofen (Mitte) in 20–25 Min. knusprig braun backen. Das Blech herausnehmen, die Calabrese-Pinwheels etwas abkühlen lassen und noch lauwarm servieren. Kalt schmecken sie aber auch sehr fein.

PARTY-FINGERFOOD

FÜR 6 PORTIONEN

Pro Portion ca. 550 kcal, 14 g E, 35 g F, 46 g KH

Backofen auf 200° vorheizen. Einen Ofenrost mit Backpapier auslegen. 250 g **Aioli-Dip** (aus dem Kühlregal) mit 100 g **Ajvar** glatt verrühren. 1 **türkisches Fladenbrot** waagerecht halbieren und die Schnittflächen mit dem Ajvar-Aioli-Dip bestreichen, **salzen** und **pfeffern.** Fladenbrothälften in 12 Stücke schneiden und auf dem Rost im Ofen (Mitte) in 12–15 Min. knusprig backen. 50 g **Rucola** waschen und trocken schleudern, dicke Stängel abzwicken. Die Fladenbrotstücke aus dem Ofen nehmen und mit 12 Scheiben **luftgetrocknetem rohem Schinken** (ca. 150 g) und Rucola belegen, dann noch mit etwas **Crema di balsamico** beträufeln. Die Brote sofort warm und herrlich knusprig servieren.

PITA-CHIPS MIT TOMATENHUMMUS

Genialer Knuspersnack

FÜR 6 PORTIONEN

1 Dose Kichererbsen
(265 g Abtropfgewicht)
100 g getrocknete Tomaten (in Öl)
3 Knoblauchzehen
6 EL Olivenöl
3 TL Gyrosgewürz
Salz | Pfeffer
5 Pita-Brote (400 g)
50 g Tahin (Sesampaste)
2 EL Zitronensaft
½ TL gemahlener Kreuzkümmel

Zubereitungszeit: 25 Min.
Pro Portion ca. 410 kcal
12 g E, 16 g F, 49 g KH

1 Den Backofen auf 200° vorheizen. Ein Backblech mit Backpapier auslegen. Die Kichererbsen in einem Sieb kalt abbrausen, abtropfen lassen. Tomaten abtropfen lassen und klein schneiden.

2 Knoblauch schälen und 1 Zehe grob würfeln. Die restlichen Zehen durch die Presse drücken und mit 4 EL Olivenöl und dem Gyrosgewürz verrühren. Mit Salz und Pfeffer würzen.

3 Die Pita-Brote wie eine Torte in je 6 Stücke schneiden und diese auf dem Blech verteilen. Die Brotstücke mit dem Würzöl bepinseln und im Ofen (Mitte) in 12 Min. knusprig braun backen.

4 Für den Hummus die Kichererbsen und die Tomaten mit Knoblauchwürfeln, dem restlichen Olivenöl (2 EL), Tahin, Zitronensaft, 3 EL Wasser und Kreuzkümmel in einen hohen Rührbecher geben. Alles mit dem Stabmixer fein pürieren. Den Hummus mit Salz und Pfeffer abschmecken.

5 Die knusprig gebackenen Pita-Chips aus dem Ofen nehmen und etwas abkühlen lassen. Noch warm in den Hummus dippen und genießen.

PARTY-POPCORN

Einfach unwiderstehlich

FÜR 6 PORTIONEN

2 EL Öl
150 g Popcornmais
80 g Zucker
1 Pck. Schoko-Kuchenglasur
(100 g, hell oder dunkel, mikrowellengeeignet)
3 EL Haselnusskrokant
3 EL bunte Zuckerperlen

Zubereitungszeit: 25 Min.
+ 30 Min. Abkühlen
Pro Portion ca. 255 kcal
4 g E, 12 g F, 33 g KH

1 In einem großen Topf 1 ½ EL Öl erhitzen. Die Maiskörner gleichmäßig auf dem Topfboden verteilen und einen Deckel auf den Topf legen. Den Mais bei großer Hitze nach und nach aufpoppen lassen, dabei hin und wieder am Topf rütteln. Popcorn in eine große Auflaufform (28 cm Ø oder 30 × 20 cm) umfüllen.

2 Den Zucker mit dem restlichen Öl (½ EL) in den Topf geben und bei mittlerer Hitze hellbraun karamellisieren, dann sofort vom Herd nehmen. Das Popcorn in den Topf geben und gut durchrühren, bis es rundherum mit dem Karamell überzogen ist. Zurück in die Auflaufform geben und gleichmäßig darin verteilen.

3 Die Schoko-Kuchenglasur nach Packungsanweisung in heißem Wasser oder in der Mikrowelle schmelzen. Das Popcorn zunächst damit beträufeln, dann mit dem Haselnusskrokant und den Zuckerperlen bestreuen. Die Schoko-Glasur in ca. 30 Min. abkühlen und fest werden lassen, dann das Popcorn servieren.

4 × FANCY PARTYDRINKS …

CARIBBEAN G & T

FÜR 1 LONGDRINKGLAS (400 ML)

Pro Glas ca. 270 kcal, 1 g E, 0 g F, 39 g KH

3 **Eiswürfel** und 1 **Bio-Zitronenscheibe** in das Glas geben. 4 cl **gelben Fruchtsmoothie,** 4 cl **Gin** und 1 cl **Zitronensaft** mit 2 **Eiswürfeln** in einem Shaker ca. 10 Sek. kräftig schütteln. Den Inhalt des Shakers durch ein Sieb in das Glas gießen, mit 150 ml **Tonic Water** auffüllen. Dann noch 1 Kugel **Mangosorbet** in das Glas setzen. Mit Strohhalm und Eislöffel servieren.

GRAPEFRUIT BASIL SPRITZ

FÜR 8 WEINGLÄSER (À 500 ML)

Pro Glas ca. 145 kcal, 1 g E, 0 g F, 14 g KH

2 Stängel **Basilikum** abbrausen und trocken schütteln, dann samt der Stängel grob hacken. Mit 800 ml **Pink-Grapefruitsaft** mischen und mind. 15 Min. (besser noch länger) durchziehen lassen. Dann 8 Stängel **Basilikum** abbrausen, trocken schütteln und auf die Gläser verteilen. In jedes Glas 3 **Eiswürfel** und 2 cl **Aperol** geben. Dann je 100 ml des aromatisierten Grapefruitsafts durch ein Sieb dazugießen und mit je 125 ml **Sekt** (nach Belieben halbtrocken oder brut) aufgießen. Wer mag, gibt in jeden Drink noch 1 kleine Prise **Meersalz.**

... für feuchtfröhliche Abende mit guten Freunden. Cola-Korn, Gin & Tonic oder Aperol Spritz kann schließlich jeder.

GINGER MINT MARGARITA

FÜR 1 COCKTAILSCHALE (200 ML)
Pro Glas ca. 135 kcal, 0 g E, 0 g F, 14 g KH

Auf einen kleinen flachen Teller etwas **Salz** streuen. Den Rand des Glases am Fruchtfleisch 1 **Bio-Limettenscheibe** entlangführen und dann so in das Salz drücken, dass ein feiner Salzrand entsteht. Die Limettenscheibe mit 2 **Eiswürfeln,** 2 Scheiben **Ingwer** und 2 **Minzeblättchen** in das Glas geben. 3 cl **Tequila,** 1 cl **Triple Sec,** 2 cl **Limettensaft** und 2 **Minzeblättchen** mit 2 **Eiswürfeln** in einem Shaker ca. 10 Sek. kräftig schütteln. Den Inhalt des Shakers durch ein Sieb in das Glas gießen, mit 100 ml **Ginger Beer** (nach Belieben mild oder scharf) auffüllen.

MEXICAN

FÜR 1 FLASCHE (CA. 1 L)
Pro Flasche ca. 790 kcal, 8 g E, 2 g F, 47 g KH

In einer Schüssel 500 ml **Tomatenpassata,** 250 ml **Wodka,** 100 ml **Wasser,** 4 EL **Chilisauce** (z. B. Sriracha), 3 EL **Limettensaft,** 1 EL **Zucker** und 1 TL **Salz** gut verrühren. Den Mix mit **Salz, Pfeffer** sowie nach Belieben noch etwas **Chilisauce** scharf und leicht salzig abschmecken. Den Mexican in eine große Flasche abfüllen, gut verschließen und bis zur Verwendung kalt stellen. Dann in Schnapsgläsern servieren.

GÄSTE PERFEKT BEWIRTEN

ROMANTISCHES DINNER

FÜR 2 PORTIONEN
IN 30 MIN. GEMACHT

Das ist die Menükarte:

› **Salatschiffchen mit Brotsalat**
Seite 100 (halbes Rezept)

› **Chili-Lachs mit Polenta**
Seite 72

› **Nussecken-Brownies**
Seite 110

Dazu: 4 EL Himbeersauce (aus dem Glas), 1 Handvoll Himbeeren, 2 TL Puderzucker

So gehst du vor

1 Einige Stunden vorher in Ruhe schon mal die Brownies backen und auskühlen lassen.

2 Am Abend zuerst den Lachs vorbereiten. Salatschiffchen zubereiten und servieren.

3 Den Lachs in den Ofen schieben, die Polenta fertigstellen und beides servieren.

4 Brownies in Rauten schneiden. Die Himbeersauce kreisförmig auf Dessertteller träufeln und je 3 Brownies leicht überlappend daraufsetzen. Mit dem Puderzucker bestäuben, die Himbeeren darauf verteilen und das Dessert genießen.

So wird's ganz entspannt

- Versuche nicht, alles perfekt zu machen!
- Setze auf minimalistische Deko: 2 Kerzen und einzelne Blumen in improvisierten Vasen (z. B. kleinen Limo- oder Ginflaschen).
- Serviere dazu etwas Prickelndes: Crémant, Prosecco, Gin Tonic oder auch ein würzig-aromatisches Craft Beer.
- Musiktipp zum Essen: chillige Acoustic-Playlists auf Spotify & Co.

DIE FAMILIE FÄLLT EIN

FÜR 4 PORTIONEN
IN 40 MIN. STARTKLAR

Das kommt auf den Tisch:

- **Calabrese-Pinwheels**
  Seite 125
- **Bistro-Salat**
  Seite 42
- **Auberginen-Lasagne**
  Seite 68 (doppeltes Rezept)

  Dazu: 1–2 Flaschen Sekt (am besten brut, gut gekühlt), 1 Pck. Schokoladeneis (900 ml), 1 kleine Flasche Eierlikör (200 ml), 100 g Haselnusskrokant

So gehst du vor

1 Einige Stunden vorher: in Ruhe die Pinwheels backen, abkühlen lassen und auf einem großen Teller anrichten. Dann mit 4 Sektgläsern für den Empfang bereitstellen.

2 Bevor die Gäste kommen: Die Lasagne vorbereiten (Auflaufform ca. 30 × 35 cm, da doppeltes Rezept), beiseitestellen. Alle Salatzutaten vorbereiten und bereitstellen. Backofen vorheizen.

3 Die Gäste sind da: Lasagne backen (dafür den Timer am Smartphone stellen). Den Sekt kredenzen und ein bisschen quatschen, dabei die Pinwheels naschen.

4 Lasagne aus dem Ofen nehmen, Salat fertigstellen. Lasagne portionieren, beides servieren.

5 Eis portionieren und auf Dessertschälchen verteilen. Mit Eierlikör beträufeln und Haselnusskrokant bestreuen. Auf den Tisch stellen.

So gelingt's problemlos

• Ein Eisportionier (zwischendurch immer wieder in heißes Wasser tauchen!) macht aus unförmigen Blöcken ansehnliche Kugeln.
• Unbedingt Getränke fürs Essen einplanen: Hier passt sowohl ein trockener Weißwein als auch ein Rotwein.

GRILLABEND IM PARK

FÜR 4 PORTIONEN
IN 35 MIN. GRILLFERTIG

Das sind die Grillbeilagen:

› **Avocado-Tsatsiki**
Seite 26 (doppeltes Rezept)

› **Tomatenhummus**
Seite 126 (ohne die Pita-Chips)

› **Mediterraner Nudelsalat**
Seite 120

Dazu: 2 Stück Grillgut pro Person (z. B. Wurst, Fleisch, Grillkäse oder anderes Vegetarisches), 1 großes Baguette, Grillsaucen nach Wahl

So gehst du vor

1 Am besten jemanden beauftragen, den Grill, die Kohle und die Grillanzünder mitzubringen.

2 Für den Salat die Nudeln kochen, inzwischen die Dips vorbereiten. Den Salat fertigstellen.

3 Alles für den Transport verpacken und kipp- und auslaufsicher in eine große Tragetasche stellen. Übrige Zutaten ebenfalls in die Tasche geben – und am besten noch einen Kühl-Akku.

4 Besteck, Teller, Flaschenöffner, Feuerzeug, Servietten, Küchenpapier und die Picknickdecke in einen Rucksack packen.

5 Jetzt nur noch im Park am Lieblingsplatz treffen und mit dem Grillabend loslegen.

So wird's richtig super

• Ausreichend Getränke in Flaschen oder Dosen einplanen, so braucht ihr keine Gläser: pro Person ca. 1 l Bier und 650 ml Limo, Cola oder Wasser.
• Mobile Boxen sorgen für den passenden Sommersound.
• Frisbee, Kubb, Mölkky & Co. erhöhen den Spaßfaktor.

KLEINE PRÜFUNGSFEIER

FÜR 8 PORTIONEN
IN 1 STD. STARTKLAR

Das bereitest du vor:

› **Nussecken-Brownies**
Seite 110

› **Blätterteigtarte mit Falafel**
Seite 106

› **Paprika-Basilikum-Dip**
Seite 26 (doppeltes Rezept)

Dazu: 250 g bunte Kirschtomaten, 250 g Mini-Mozzarella, ein paar Holzspießchen, 1 Pck. Cracker (200 g), 1 Pck. Grissini (125 g), 4 Flaschen Sekt (brut, davon mind. 1 ohne Alkohol), 1 l Orangensaft (zum Mischen)

So gehst du vor

1 Ein paar Stunden oder am Tag vorher die Brownies backen und auskühlen lassen. Dann portionieren und für den Transport verpacken.

2 Am Morgen die Tarte vorbereiten und backen, inzwischen den Dip zubereiten. Tarte abkühlen lassen, in recht kleine Stücke schneiden und für den Transport verpacken. Dip in zwei Schraubgläser füllen, verschließen.

3 Die Tomaten waschen, Mozzarella abtropfen lassen. Je 1 Tomate und Mozzarellakugel auf einen Spieß stecken. Ebenfalls verpacken.

4 Dann in der Uni ein schönes Plätzchen auswählen. Dort an einer erhöhten Stelle die Tischdecke (s. u.) auslegen und das Büfett aufbauen.

5 Den Prüfling am Prüfungsraum in Empfang nehmen und zum Büfett geleiten. Dort auf die Prüfung anstoßen, dazu das Fingerfood naschen.

So wird's einfach perfekt

- Ein kleiner Blumenstrauß und eine kleine quadratische Tischdecke sorgen für ein festliches Ambiente.
- Sektgläser aus Plastik sind bruchsicher und wiederverwendbar.
- Sprecht euch ab und macht euch chic!

PRÜFUNG BESTANDEN:

auf ins nächste Koch-Semester!

REGISTER VON A-Z

APPETIT AUF MEHR?

ISBN 978-3-8338-7581-6

ISBN 978-3-8338-2627-6

ISBN 978-3-8338-7304-1

ISBN 978-3-8338-7142-9

ISBN 978-3-8338-7294-5

ISBN 978-3-8338-7303-4

Alle hier vorgestellten Bücher sind auch als eBook erhältlich.

Mehr von GU auf **www.gu.de** und **facebook.com/gu.verlag**

IMPRESSUM

© Food & Nude Photography

Der Autor

Martin Kintrup kochte und backte bereits während seines Studiums leidenschaftlich gerne. Inzwischen hat er seine Lust am Kochen, Essen und Genießen zum Beruf gemacht. Als Autor und Redakteur arbeitet er für mehrere Verlage und hat schon zahlreiche Kochbücher geschrieben. Mit vielen verlockenden und bequemen Rezeptideen bringt er frischen Wind in die Studentenküche.

Die Fotografin

Coco Lang fotografiert Food und Stills in ihrem Werkstattstudio direkt am Münchner Viktualienmarkt. Mit kreativem Elan geht sie ans Werk und beeindruckt immer wieder mit überraschenden Ideen und feinem Gespür fürs Detail. Für dieses Buch hat sie gemeinsam mit Foodstylist **Sven Dittmann** die Studentenküche ins rechte Licht gerückt.

Bildnachweis

Alle Fotos: **Coco Lang,**
außer Autorenfoto:
Food & Nude Photography

Projektleitung:
Sabine Sälzer

Lektorat, Satz/DTP, Gestaltung:
Redaktionsbüro Christina Geiger, München, schönseitig.de

Umschlag und Gestaltung:
independent Medien-Design, Horst Moser, München

Fotografie: **Coco Lang**
Foodstyling: **Sven Dittmann**
Requisite: **Ina Erdmann**

Korrektorat:
Anne-Sophie Zähringer

Herstellung:
Renate Hutt

Repro:
Longo AG, Bozen

Druck und Bindung:
Printer Trento S.r.l, Trento

Syndication:
www.seasons.agency

ISBN 978-3-8338-7548-9

1. Auflage 2020

PEFC
PEFC/18-31-506

Umwelthinweis:
Dieses Buch ist auf PEFC-zertifiziertem Papier aus nachhaltiger Waldwirtschaft gedruckt.

QUALITÄTS G|U GARANTIE

Liebe Leserin, lieber Leser,

haben wir Ihre Erwartungen erfüllt? Sind Sie mit diesem Buch zufrieden? Haben Sie weitere Fragen zu diesem Thema? Wir freuen uns auf Ihre Rückmeldung, auf Lob, Kritik und Anregungen, damit wir für Sie immer besser werden können.

GRÄFE UND UNZER Verlag
Leserservice
Postfach 86 03 13
81630 München
E-Mail:
leserservice@graefe-und-unzer.de

Telefon: 00800 / 72 37 33 33*
Telefax: 00800 / 50 12 05 44*
Mo–Do: 9.00 – 17.00 Uhr
Fr: 9.00 – 16.00 Uhr
(gebührenfrei in D, A, CH)*

Ihr GRÄFE UND UNZER Verlag
Der erste Ratgeberverlag – seit 1722.

Backofenhinweis
Die Backzeiten können je nach Herd variieren. Die Temperaturangaben beziehen sich auf das Backen im Elektroherd mit Ober- und Unterhitze und können bei Gasherden oder Backen mit Umluft abweichen. Details entnehmen Sie bitte Ihrer Gebrauchsanweisung.

www.facebook.com/gu.verlag

GRÄFE UND UNZER

Ein Unternehmen der
GANSKE VERLAGSGRUPPE

KRÄUTER & CO.

- ___ Basilikum
- ___ Dill
- ___ Gartenkresse
- ___ Ingwer
- ___ Knoblauch
- ___ Koriandergrün
- ___ Minze
- ___ Oregano
- ___ Petersilie
- ___ Rosmarin
- ___ Rucola
- ___ Schnittlauch
- ___ Thymian

OBST, GEMÜSE & CO.

- ___ Äpfel
- ___ Auberginen
- ___ Avocados (Sorte Hass)
- ___ Baby-Blattspinat
- ___ Bananen
- ___ Beeren (Erdbeeren, Heidelbeeren, Himbeeren)
- ___ Birnen
- ___ Brokkoli
- ___ Champignons
- ___ Kartoffeln (vorwiegend festkochend)
- ___ Lauch
- ___ Limetten (Bio)
- ___ Mandarinen
- ___ Möhren
- ___ Nektarinen
- ___ Paprikas (gelb, rot)
- ___ Radicchio
- ___ Radieschen (mit Grün)
- ___ Salat (Baby-Salat-Mix, Römersalatherzen)
- ___ Salatgurken (Bio)
- ___ Spitzkohl
- ___ Süßkartoffeln
- ___ Tomaten (Kirschtomaten)
- ___ Zitronen (Bio)
- ___ Zucchini (lang, rund; Rondini)
- ___ Zwiebeln (braun, rot; Frühlingszwiebeln, Schalotten)

KÜHLREGAL & FRISCHETHEKE

- ___ Aioli-Dip
- ___ Ananasfruchtfleisch
- ___ Antipasti (eingelegt; Auberginen, gefüllte Peperoncini, getrocknete Tomaten, Oliven, Pilze)
- ___ Blätterteig (25 × 38 cm, 275 g)
- ___ Butter (mit Knoblauch)
- ___ Crème fraîche
- ___ Falafel (Kichererbsenbällchen)
- ___ Farmersalat
- ___ Flammkuchenteig (260 g)
- ___ Fruchtsmoothie (gelb)
- ___ Gnocchi
- ___ Granatapfelkerne
- ___ Hummus (pikant)
- ___ Joghurt (griechisch; 3,8 % Fett, 10 % Fett)
- ___ Krautsalat
- ___ Mascarpone
- ___ Nudeln (gefüllt; Ravioli, Tortelli, Tortelloni)
- ___ Oliven (gemischt, grün, schwarz; ohne Stein)
- ___ Pesto (grün; Bärlauchpesto, Basilikumpesto, Rucolapesto)
- ___ Sahne
- ___ Schmand
- ___ Skyr
- ___ Sour-Cream-Dip
- ___ Tofu (geräuchert)
- ___ Tsatsiki
- ___ Wiener Würstchen (vegetarisch)

TIEFKÜHLTRUHE (TK)

- ___ Blumenkohl
- ___ Brechbohnen
- ___ Eiswürfel
- ___ Erbsen
- ___ Gemüse (gemischt; Kaisergemüse, Sommergemüse, Suppengemüse)
- ___ Himbeeren
- ___ Lachsfilets
- ___ Mango (Würfel)
- ___ Mangosorbet
- ___ Vanilleeis
- ___ Waldbeeren

FISCHTHEKE

- ___ Garnelen (gegart)
- ___ Lachs (Räucherlachs in Scheiben, Stremellachs: mit Dill, mit Pfeffer, natur)

WURST- & FLEISCHTHEKE

- ___ Bockwürste
- ___ Bratwürste (grob)
- ___ Chorizo (Scheiben)
- ___ Frikadellen
- ___ Hackfleisch (halb und halb, Rind)
- ___ Hähnchenbrustaufschnitt
- ___ Hähnchenbrustfilets
- ___ Schinken (geräuchert, luftgetrocknet, roh, Scheiben)
- ___ Schweinegeschnetzeltes
- ___ Speck (Bacon, Frühstücksspeck, Schinkenspeck; Scheiben, Würfel)
- ___ Wiener Würstchen

KÄSETHEKE

- ___ Bergkäse (Stück)
- ___ Brie (Stück)
- ___ Frischkäse (mit Kräutern)
- ___ Gorgonzola (mild)
- ___ Grana Padano (Stück)
- ___ Hirtenkäse (in Salzlake)
- ___ Mozzarella
- ___ Parmesan (gerieben, Stück)
- ___ Pecorino (Stück)
- ___ Reibekäse (Gouda)
- ___ Schafskäse (Feta)
- ___ Schmelzkäse
- ___ Ziegenfrischkäse (20-g-Taler)
- ___ Ziegenweichkäse (Rolle)

TEIGWAREN, REIS, GETREIDE & CO.

- ___ Basmati-Reis
- ___ Couscous (Instant)
- ___ Frühstücksbrei (Basis)
- ___ Haferfleks
- ___ Haferflocken (kernig, zart)
- ___ Hirse
- ___ Müsli (Lieblingssorte, Nussmüsli)
- ___ Nudeln (kurz, lang, gegart; Capellini, Casarecce, Farfalle, Fusilli, Penne lisce, Ramen/japanische Weizennudeln)
- ___ Polenta (Instant; Maisgrieß)
- ___ Popcornmais
- ___ Quinoa

AUS DEM BACKREGAL

- ___ Backpulver
- ___ Bourbon-Vanillezucker
- ___ Haselnusskrokant
- ___ Kakao-Nibs
- ___ Kokos-Chips
- ___ Mehl
- ___ Schoko-Kuchenglasur (hell, dunkel, mikrowellengeeignet)
- ___ Speisestärke
- ___ Zucker
- ___ Zuckerperlen (bunt)

AUS DOSE, GLAS & TUBE

- ___ Ananasstücke
- ___ Apfelmus
- ___ Bolognese (vegetarisch)
- ___ Gurkensalat (dänisch)
- ___ Hülsenfrüchte (Kichererbsen, Kidneybohnen, braune Linsen)
- ___ Jalapeñoringe (eingelegt)
- ___ Kapern
- ___ Mais
- ___ Mayonnaise
- ___ Mus (Erdnuss, Haselnuss)
- ___ Preiselbeeren
- ___ Salatcreme (leicht)
- ___ Tahin (Sesampaste)
- ___ Thunfisch (im eigenen Saft)
- ___ Tomaten (getrocknet, in Öl)
- ___ Tomatenmark
- ___ Tomatenpassata
- ___ Tomatensugo

WÜRZPASTEN, -SAUCEN & CO.

- ___ Ajvar
- ___ Barbecuesauce
- ___ Chilisauce (Sriracha)
- ___ Currypaste (rot; Massaman, Thai)
- ___ Erdnussdip (Sushistand)
- ___ Erdnusssauce (Asienregal)
- ___ Fischsauce
- ___ Mango-Chutney
- ___ Pesto calabrese
- ___ Sauce Hollandaise
- ___ Senf (Honigsenf, mittelscharf)
- ___ Sojasauce
- ___ Sweet-Chili-Sauce
- ___ Teriyaki-Sauce

SÜSSES

- ___ Ahornsirup
- ___ Aprikosenkonfitüre (fein)
- ___ Dessertsaucen (Erdbeere, Himbeere, Karamell)
- ___ Honig
- ___ Schokolade (Raspel, dunkle Blockschokolade)

NÜSSE, SAMEN, TROCKENFRÜCHTE

- ___ Cashewkerne (gesalzen)
- ___ Chia-Samen
- ___ Cranberrys
- ___ Erdnusskerne (gesalzen)
- ___ Hanfsamen
- ___ Haselnusskerne (gehobelt, gemahlen)
- ___ Kürbiskerne
- ___ Mandeln
- ___ Sesam
- ___ Sonnenblumenkerne
- ___ Tomaten
- ___ Walnusskerne

GEWÜRZE & CO.

- ___ Cayennepfeffer
- ___ Chiliflocken (Pul Biber)
- ___ Currypulver
- ___ Garam Masala
- ___ Gyrosgewürz
- ___ Ingwerpulver
- ___ Kreuzkümmel (gemahlen)
- ___ Kurkuma (gemahlen)
- ___ Muskatnuss
- ___ Paprikapulver (edelsüß)
- ___ Pfeffer
- ___ Pizzagewürz
- ___ Salz (Meersalz)
- ___ Zimtpulver

GEBÄCK, BROTE & BRÖTCHEN

- ___ Bagels (zum Aufbacken)
- ___ Baguette
- ___ Baguettebrötchen
- ___ Burger-Brötchen (Buns; XL, mit/ohne Sesam)
- ___ Ciabattabrot
- ___ Fladenbrot (türkisch)
- ___ Haferkekse
- ___ Hefegebäckstangen (herzhaft)
- ___ Holzofenbrot
- ___ Hotdog-Brötchen
- ___ Mehrkornbrot (weich, Scheiben)
- ___ Pita-Brote
- ___ Sesambrötchen
- ___ Toastbrot
- ___ Weißbrot
- ___ Weizentortillas (weich, 25 cm Ø)

GETRÄNKE, SÄFTE & SPIRITUOSEN

- ___ Aperol
- ___ Gin
- ___ Ginger Beer (mild, scharf)
- ___ Grapefruitsaft (gelb, pink)
- ___ Limettensaft
- ___ Orangensaft
- ___ Sekt (brut, halbtrocken)
- ___ Tequila
- ___ Tonic Water
- ___ Triple Sec
- ___ Wodka
- ___ Zitronensaft

DIVERSES

- ___ Brühe (Instant; Gemüsebrühe, Hühnerbrühe, Rinderbrühe)
- ___ Eier (M)
- ___ Essig (Aceto balsamico, Aceto balsamico bianco, Crema di balsamico, Weißweinessig)
- ___ Haferdrink
- ___ Kokosmilch
- ___ Öl (zum Braten; Kokosöl, Leinöl, Olivenöl, Rapsöl)
- ___ Reispapierblätter (22 cm Ø)
- ___ Röstzwiebeln

Auch zum Download auf
www.gu.de/kochenfuerfaule